RETRO INTERIOR CROCHET

ハマナカ
アメリーシリーズで編み物を楽しむ会

日東書院

CONTENTS

＊本書の作品は、すべてハマナカ手あみ糸を使用しています。
お問い合わせはP.80を参照ください。

A

背もたれカバーにもなる
ブランケット

懐かしい応接セットにスクエアモチーフの
ブランケット。長い夜のおともに。

デザイン ☞ Sachiyo ＊ Fukao　制作 ☞ 美羽
糸 ☞ ハマナカ アメリーエフ《合太》
作り方 ☞ P.40

中央の花の色は４つ。バランスよく配置します。

B

ブローチでおめかし

ハンガーカバー

長編みのシンプルなカバーだからかんたん。
服をかけると衿元にお花がのぞきます。

デザイン ☞ 今村曜子
糸 ☞ ハマナカ アメリーエフ《合太》
作り方 ☞ P.42

お花は取り外してブローチとしても使えます。

極太糸でザクザク編む
フロアマット

こっくりした深緑でクラシカルな雰囲気に。
玄関マットにもおすすめです。

デザイン ☞ ナガイ マサミ
糸 ☞ ハマナカ アメリーエル《極太》
作り方 ☞ P.44

大きな丸モチーフの間を小さな丸モチーフでつなぎます。

昭和モダンな
クッションカバー

書斎の椅子に華やかな色のクッション。
変わり玉編みの凹凸でニュアンスをつけました。

デザイン ☞ Sachiyo＊Fukao　制作 ☞ 古田 栄
糸 ☞ ハマナカ アメリーエフ《合太》
作り方 ☞ P.46

E

鍵やアクセの指定席
ミニトレイ

ポケットの中の小物を置いておく
小さな「忘れな盆」。
丸モチーフの縁を立ち上げてトレイの形に。

デザイン ☞ 遠藤ひろみ
糸 ☞ ハマナカ アメリー
作り方 ☞ P.48

マットにもぴったり。カラフルだけどちょっぴりシックな色みが素敵。

F

マルチに使える
スクエアカバー

モチーフつなぎの四角いカバーは万能選手。
下に敷いて、上にかけて。使い方はお好みで。

デザイン ☞ ナガイ マサミ
糸 ☞ ハマナカ アメリーエフ《合太》
作り方 ☞ P.50　Point Lesson ☞ P.38

G

着物にも合う
モチーフショール

大正ロマンを感じるクラシカルな配色。
冬のお出かけやお正月の着物にいかが？

デザイン ☞ 今村曜子
糸 ☞ ハマナカ アメリー
作り方 ☞ P.52　Point Lesson ☞ P.38

つないだモチーフは 76 枚。最後に縁編みをぐるりと編みます。

H

昭和モダンな
菓子盆カバー

「縁側でお茶」が憧れ。清潔感がある
白い花のモチーフつなぎの丸形カバー。

デザイン ☞ 小林ゆか
糸 ☞ ハマナカ アメリーエフ《合太》
作り方 ☞ P.54

花びらの先端同士で引き抜き編みをしてつなぎます。

I

ポットホルダー兼
なべしき

橙色で縁どったデイジーのようななべしき。
モダンなおばあちゃん家のティータイム。

デザイン ☞ 金子祥子
糸 ☞ ハマナカ アメリーエフ《合太》
作り方 ☞ P.56

J, K, L, M

1枚でも役立つ
ジャムびんカバー&コースター

色も模様も違う３種類のコースターです。
ジャムびんカバーはネット編み風の縁に
ひもやリボンを通して使います。

デザイン ☞ Sachiyo ＊ Fukao
糸 ☞ ハマナカ　J, K：アメリーエフ《合太》　L, M：アメリー
作り方 ☞ J：P.54、K：P.56、L：P.64、M：P.66

N

ドアにも窓にも

サークルのれん

人の温もりを感じる手編みののれん。
上部のプレートに棒を通したり、ピンでとめて。

デザイン ☞ 金子祥子
糸 ☞ ハマナカ アメリーエフ《合太》
作り方 ☞ P.58

中央が両端より短くなるように丸モチーフの個数を調節しました。

畳とも好相性。円座の長編みのフリルは土台の編み地の鎖目に編みつけます。

0

フリルでふかふか
円座

好きなところに置いて使える円座です。
極太糸で編むのでボリュームのある仕上がりに。

デザイン ☞ 金子祥子
糸 ☞ ハマナカ アメリーエル《極太》
作り方 ☞ P.60

P

今も昔もやっぱりこれ！

ティッシュボックスカバー

このカバーはきっと一度は見たことがあるはず。
四角モチーフを立体的につないで作ります。

デザイン ☞ Sachiyo＊Fukao　製作 ☞ ma-me
糸 ☞ ハマナカ アメリーエフ《合太》
作り方 ☞ P.62

Q

グラスカバーにもなる

びんカバー

カラフルなカバーで空きびんをおめかし。
長編みの丸底から模様編みで側面を編みます。

デザイン ☞ kuni-co
糸 ☞ ハマナカ アメリーエフ《合太》
作り方 ☞ P.49

a
b
c

R

買い物かごにぴったり
長方形カバー

モチーフをつなぐ赤い縁編みがアクセント。
かごやバッグの内側に使うと
中身が見えなくて安心です。

デザイン ☞ 小林ゆか
糸 ☞ ハマナカ アメリーエフ《合太》
作り方 ☞ P.66

S

小花つなぎの
ショートスヌード

肌寒い朝晩に使いたい、おうちスヌード。
ひと足早い春を感じるお花畑のような色合いです。

デザイン ☞ おおまち まき
糸 ☞ ハマナカ アメリー
作り方 ☞ P.68　Point Lesson ☞ P.37

T

意外と便利
ロールペーパーカバー

細編みのすじ編みの編み込み模様がポイント。
カバーリングでロールペーパーを変身させて。

デザイン ☞ ナガイ マサミ
糸 ☞ ハマナカ アメリーエフ《合太》
作り方 ☞ P.64　Point Lesson ☞ P.39

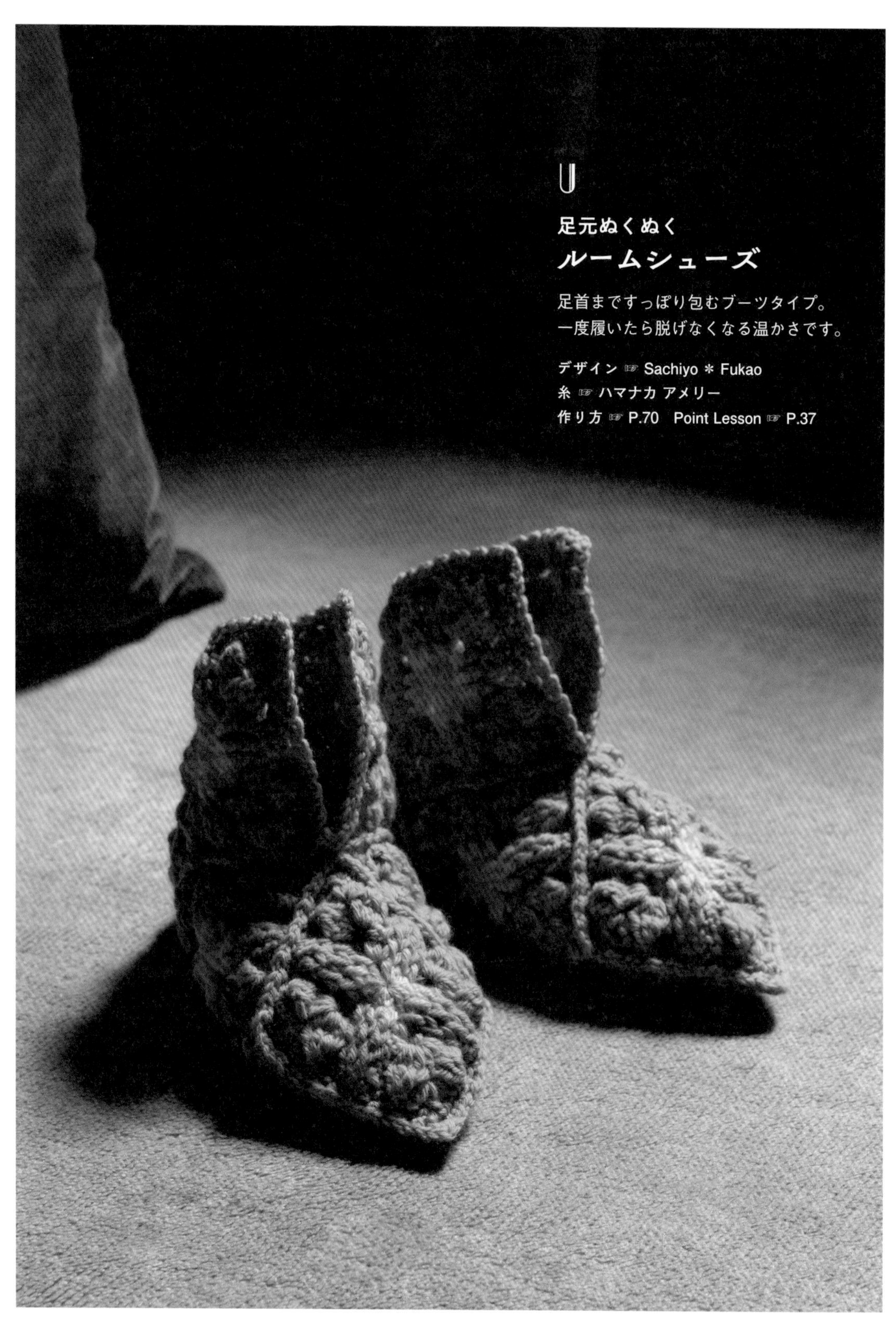

U

足元ぬくぬく
ルームシューズ

足首まですっぽり包むブーツタイプ。
一度履いたら脱げなくなる温かさです。

デザイン ☞ Sachiyo ＊ Fukao
糸 ☞ ハマナカ アメリー
作り方 ☞ P.70　Point Lesson ☞ P.37

使っているのはすべて四角モチーフ。編みつなぎ位置に注意して。

V

かわいい置き鏡
ミラーカバー

乙女心をくすぐるピンクのカバー。
立体的な花モチーフをアクセントに。

デザイン ☞ 遠藤ひろみ
糸 ☞ ハマナカ アメリー
作り方 ☞ P.72

W

女子のたしなみ
ブラシケース

花モチーフはミラーカバーとお揃い。
本体をたたんだら、ひもを巻いて結びます。

デザイン ☞ 遠藤ひろみ
糸 ☞ ハマナカ アメリー、アメリーエフ《合太》
作り方 ☞ P.74

右　ミラーカバーの裏面はピンク系のグラデーションで。
左　ブラシケースは内側ポケットとフラップつきです。

作品に使用した糸

本書の作品にはきれいな色がたくさん揃ったハマナカ アメリーシリーズを使っています。
糸の太さは合太、並太、極太の３種類。
すべてストレートヤーンなのでモチーフもきれいに仕上がります。

1 ハマナカ アメリー

ソフトで強いクリンプ（繊維の縮れ）を持つニュージーランドメリノウールに、バルキー性(膨らむ性質)に富むアクリルを程よくブレンドした、肌触りが良くて抜群の弾力性と保温性に優れた糸。ふくらみがあるので、見た目よりも軽い作品に仕上がります。 汎用性のある並太タイプで、糸割れが少なく、非常に編みやすい仕立てです。 深みのあるメランジェ調で、編み込みや配色が楽しめるように色数が豊富です。
ウール70%（ニュージーランドメリノ）、アクリル30%。全52色、40g 玉巻（約110m）、638円。

2 ハマナカ　アメリーエフ《合太》

アメリーより細めの合太タイプ。適度に目が詰まるので、モチーフや編み込みにおすすめです。色合わせしやすいニュアンスのある色が魅力。
ウール70%（ニュージーランドメリノ）、アクリル30%。全26色、30g 玉巻（約130m）、572円。

3 ハマナカ　アメリーエル《極太》

アメリーの肌触りのよさ・編みやすさ・色目の特徴はそのままに、太くなった極太タイプ。 空気を多く含むため、厚みのある編み地でも見た目以上に軽く仕上がります。
ウール70%（ニュージーランドメリノ）、アクリル30%。全15色、40g 玉巻（約50m）、638円。

※価格は税込。商品情報は2021年10月現在のものです。
※ 糸に関するお問い合わせは、ハマナカ株式会社TEL 075-463-5151（代）までお願い致します。

かぎ針編みの基礎レッスン

作品を作るのに必要な材料と用具、
ポイントになるテクニックを紹介します。

＊解説では編み方がわかりやすいように
作品とは異なる配色、模様のモチーフにしています。
複数の作品で使用されている
テクニックもありますので、編むときは
それぞれの作品に合わせてアレンジしてください。

材料と用具

糸 模様がはっきり出て、モチーフを編みやすいストレートヤーン。作品では繊細な合太、初心者でも編みやすい並太、スピーディに編める極太という3種類の太さを使用。

実物大

アメリーエフ《合太》

アメリー

アメリーエル《極太》

※糸と針はすべてハマナカ

針 かぎ針は糸の太さに合わせて選ぶとよい。かぎ針の太さは2/0～10/0号まであり、数字が大きくなるほど太くなる。糸端の始末やモチーフをとじ合わせるときなどにはとじ針を使う。

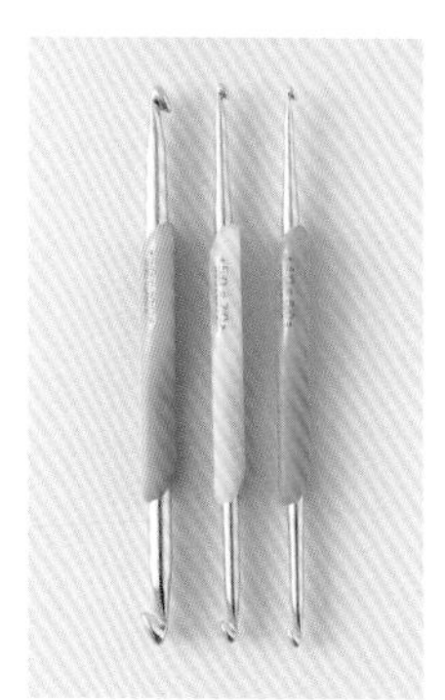

かぎ針

ハマナカ
アミアミ両かぎ針
ラクラク

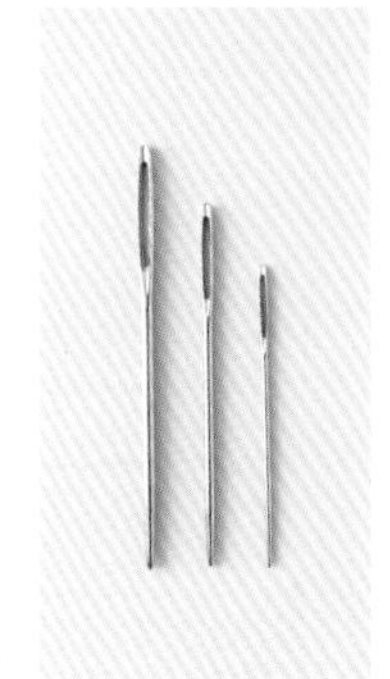

とじ針

毛糸とじ針
(6本セット)

基礎レッスン

◎チェーンつなぎ◎

モチーフの編み終わりをきれいに仕上げる方法です

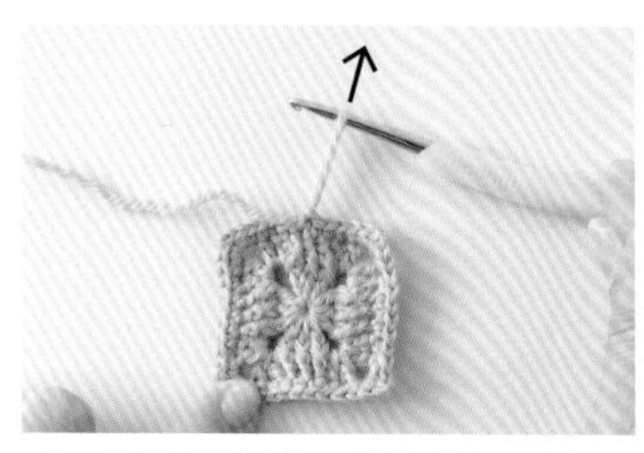

1 糸端を約15cm残してカットし、針を引いて糸を引き抜く。

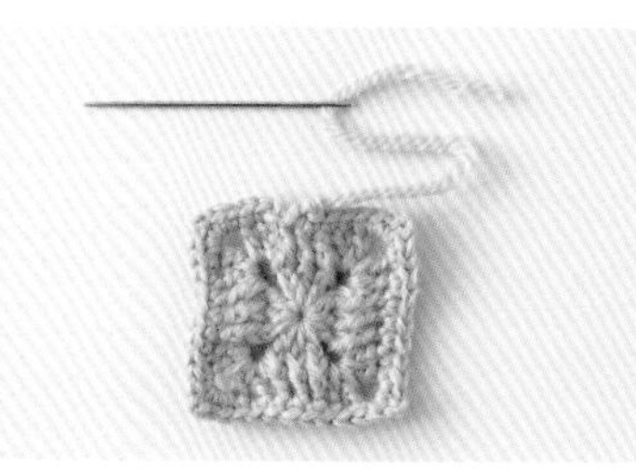

2 糸端をとじ針に通す。

3 編み始めの目の頭の鎖2本をすくって手前に出す。

4 手前に引き出したところ。

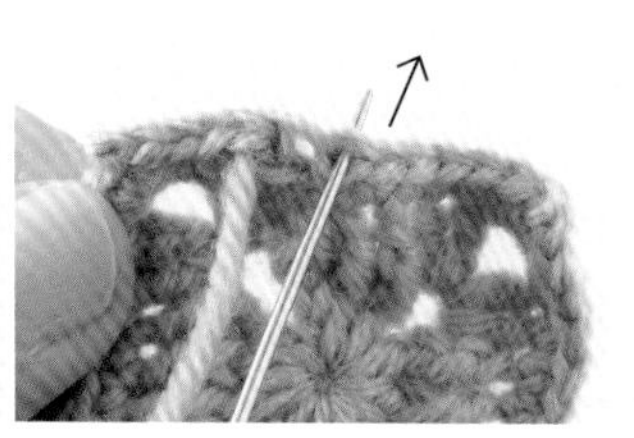

5 続けて編み終わりの目の中に針を入れて向こう側へ出す。

6 チェーンつなぎができた。糸端は裏面に通してからカットする。

◎ モチーフのつなぎ方&とじ方 ◎

1. 長編みの頭でつなぐ

Sショートスヌードで解説／ Photo_P.28 How to make_P.68

1 編みつなぐ目まできたら、まず未完成の長編みを編む。

2 隣のモチーフの長編みの頭に針を入れ、糸をかけて引き抜く。

3 長編みの頭同士でつながった。

こんな方法もあります！

1 モチーフを編みつなぐ手前の目まで編んだら、いったん目から針をはずし、隣のモチーフの目に針を入れる。

2 はずした目に針を入れ直し、1の目を隣のモチーフから引き出す。

3 元のモチーフに戻り、そのまま長編みを編む。

2. 細編みでつなぐ（細編みの鎖とじ）

Uルームシューズ／Photo_P.30 How to make_P.70

作品の２段めまで編んだモチーフで解説。作品では最後まで編んだモチーフを同じ要領でとじ合わせてください

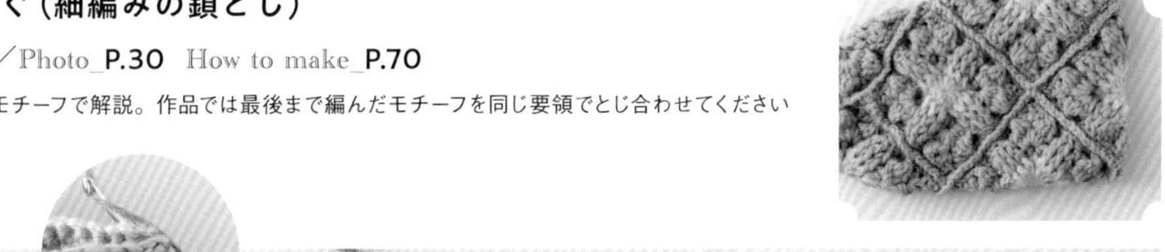

1 隣り合う２枚を外表に合わせ、角の鎖目をすくって針を入れ、引き抜き編みで糸をつける。

2 鎖1目で立ち上がり、細編みを編む。続けて、鎖1目を編み、1目とばして細編みを編む。

3 同様に繰り返す。

3. 巻きかがりはぎ(半目の巻きかがり)

F スクエアモチーフで解説／ Photo_P.12 How to make_P.50

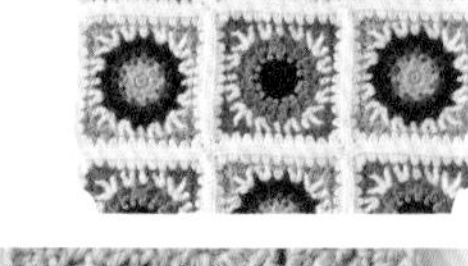

1 2枚のモチーフを表を上にして並べて置く。手前のモチーフの角で、端の目の内側半目を拾って針を入れる。

2 もう1枚のモチーフの角の目(1の★)も同様に拾い、さらに1で拾った目にもう1度針を入れてかがる。

3 次からは、向かい合った端の目の内側半目を拾って針を入れ、1目ごとに糸を引きながらかがる。

4 端までかがったところ。

4. 引き抜き編みでつなぐ

G モチーフショールで解説／ Photo_P.14 How to make_P.52

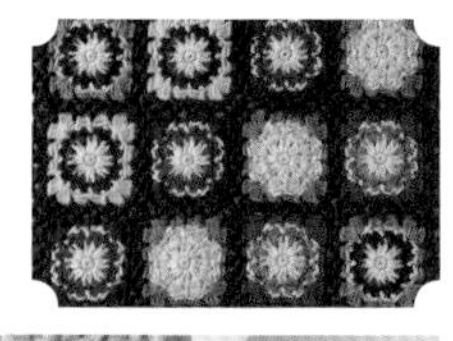

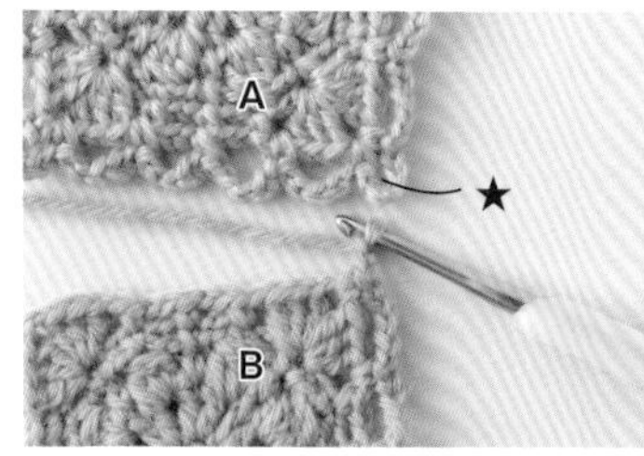

1 Aモチーフを編み、2枚めのBモチーフを編みつなぐ手前の目まで編む。

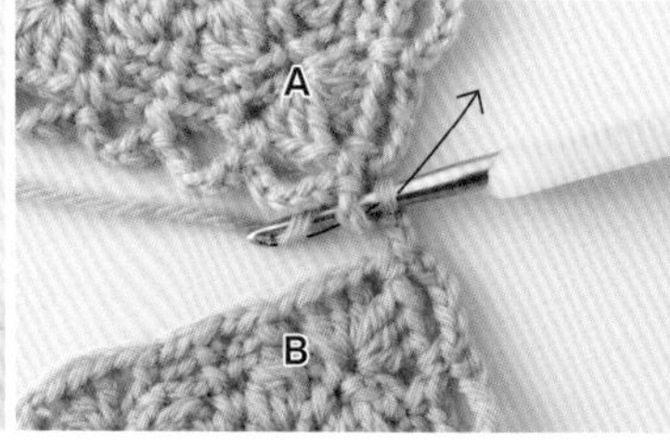

2 Aモチーフの角の鎖をそっくりすくって針を入れ、糸をかけて引き抜く。

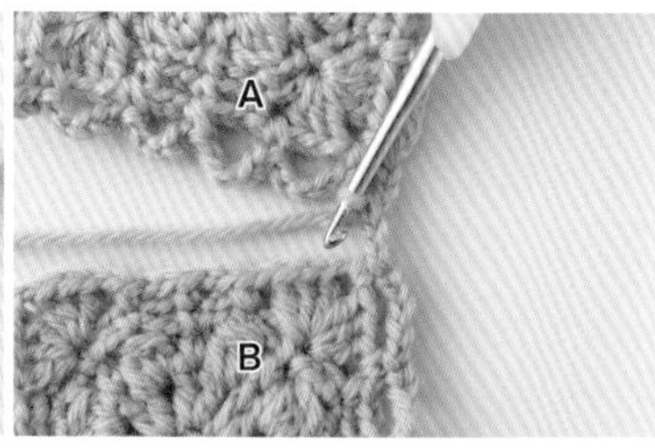

3 引き抜いたところ。

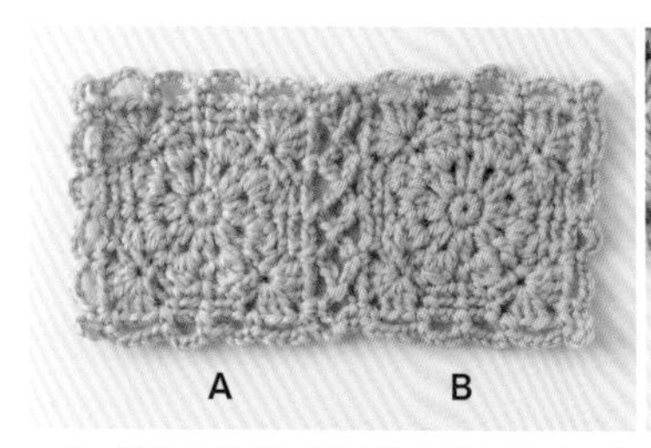

4 指定の位置で引き抜き編みをしながら、Bモチーフを最後まで編む。

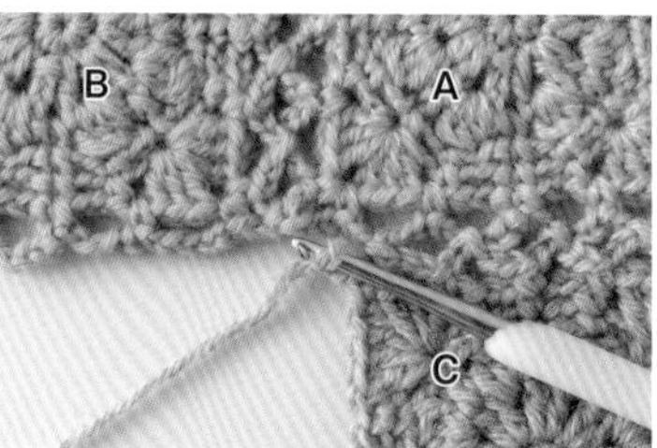

5 3枚めのCモチーフはBモチーフの引き抜き編みの足に針を入れて引き抜き編みを編む。

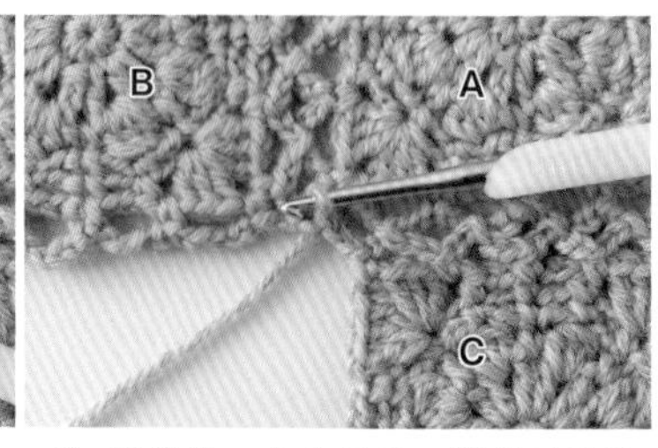

6 引き抜いたところ。続けてCモチーフを編み図通りに編む。

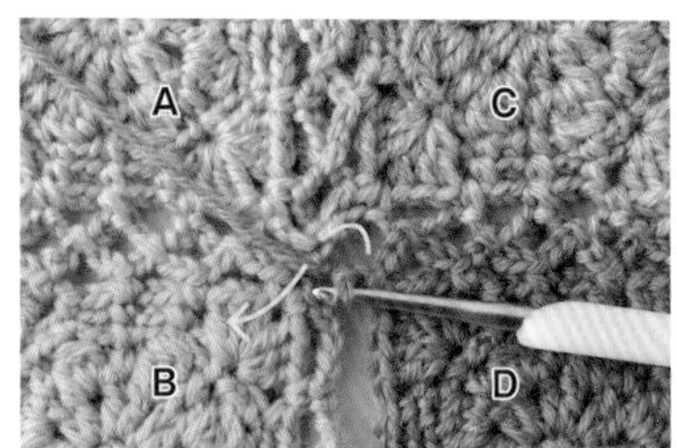

7 4枚めのDモチーフも5と同様に編む。

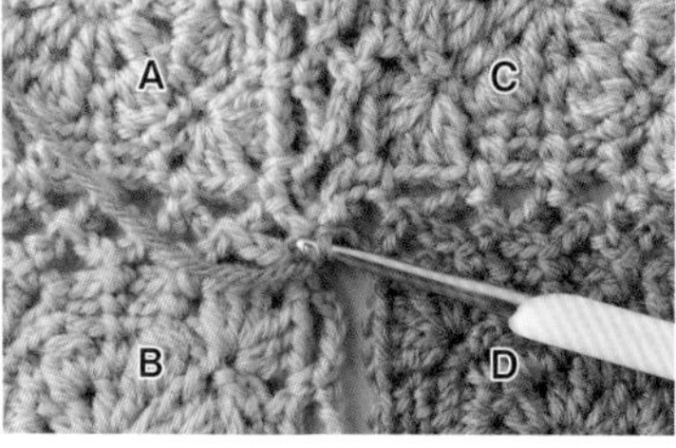

8 引き抜いたところ。

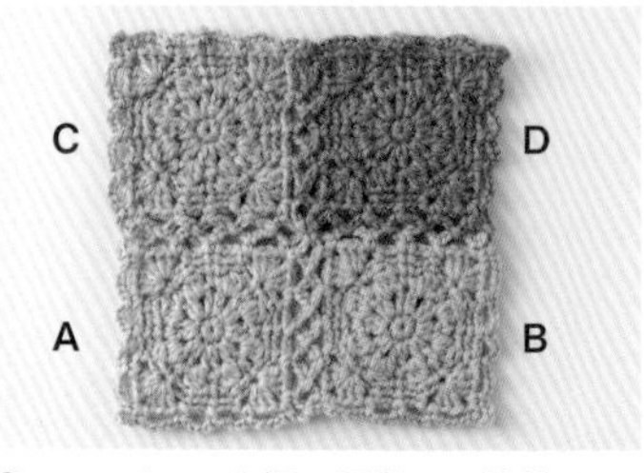

9 Dモチーフを編み図通りに最後まで編む。4枚がつながったところ。

3. 細編みのすじ編みの編み込み模様

T ロールペーパーカバーで解説／ Photo_P.29 How to make_P.39

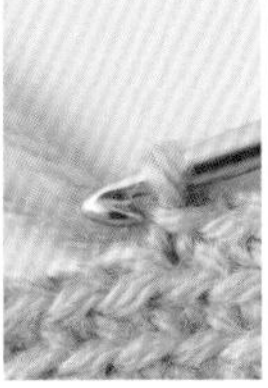

1 色を替える1目手前の最後の引き抜きをするときに、配色糸に替えて引き抜く。

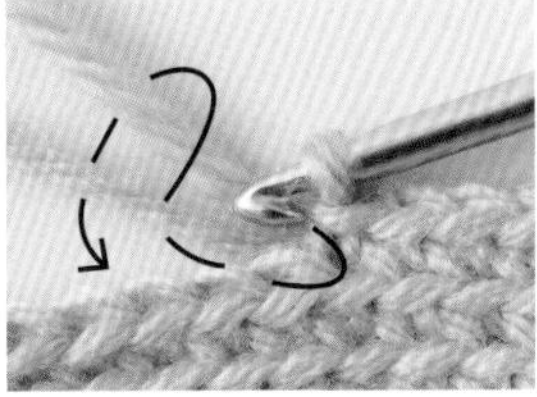

2 前段の目の向こう側半目に針を入れ、地糸の下から配色糸を引き出す。

3 配色糸を引き出したところ。

4 配色が1目の場合は、次の引き抜きを地糸に替えて引き抜く。

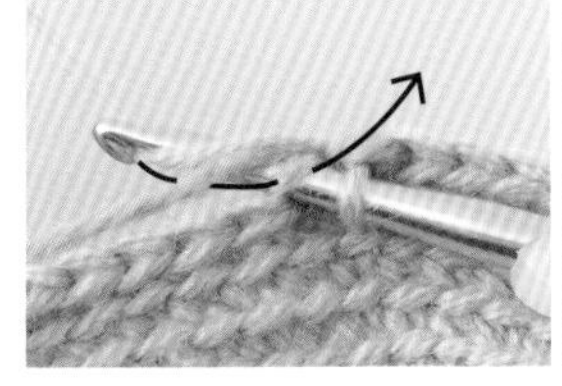

5 続けて、地糸で2と同様に編む。

6 配色が2目以上続く場合は、配色糸を編みくるむように地糸を引き抜く。

7 引き抜いたところ。

8 配色糸（編まない方の糸）を編みくるむようにして最後まで編む。

アレンジしやすい！ 使い方のヒント

本書で紹介した作品たちのサイズにアイテムの1例をご紹介。

便利！

W

ブラシケースをかぎ針ケースに

サイズ的にはかぎ針もOK（細い針は抜けやすいのでご注意を）。編み地をポケットにしているので目数リングの収納も手軽です。ポケットを布にアレンジしても使いやすい。

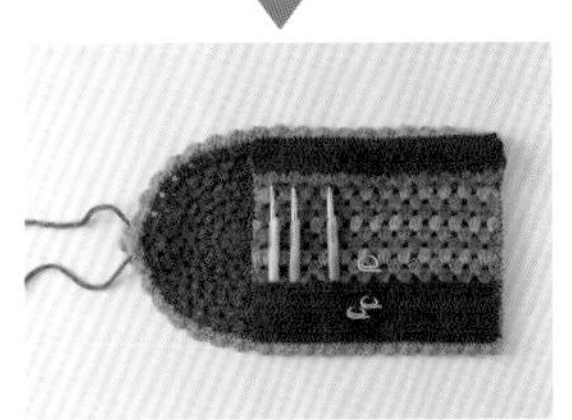

ピッタリ！

V

ミラーカバーを100円グッズの鏡に

100円ショップの置き鏡は小さめサイズが多いので、作品に合う鏡が見つけやすい。
※写真は丸スタンドミラー（鏡部分・直径約15cm）／ダイソー

ピッタリ！

B

ハンガーカバーをワイヤーハンガーに

クリーニング店などでもらうワイヤーハンガーもおしゃれに変身。長編みで編むシンプルなカバーなので、色違いをいくつか編めばクローゼットも華やぎます。

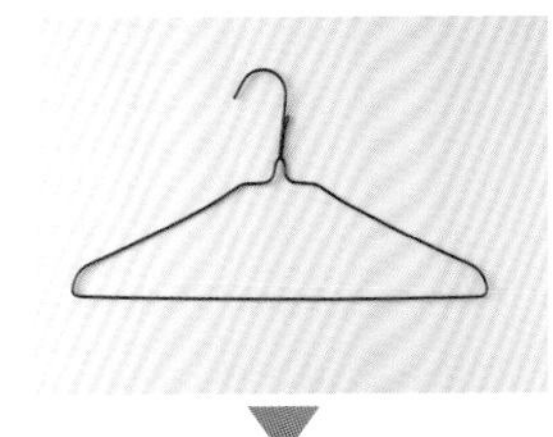

HOW TO MAKE

作品のサイズは編む人の手加減によって変わります。
編むときは図内に表記された作品に使用するモチーフの大きさやゲージを目安にして編み進めてください。

A ブランケット Photo ▶ P.4

Photo ▶ P.4

材料と用具

糸…ハマナカ　アメリーエフ《合太》
オートミール (521) 110g、ナチュラルホワイト (501) 75g、
クリムゾンレッド (508) 10g、グレイッシュローズ (525) 8g、
バーミリオンオレンジ (507) 7g
針…かぎ針4/0号

編み方　＊糸は1本どりで編む。

1. 鎖6目を輪にして図を参照して色を替えながらモチーフAを編む。
2. 2枚めのモチーフから最終段で編みつなぐ。
3. モチーフ50枚を配色表を参照して最終段で引き抜き編みをしながらつなぎ、最後に周囲に縁編みを編む。

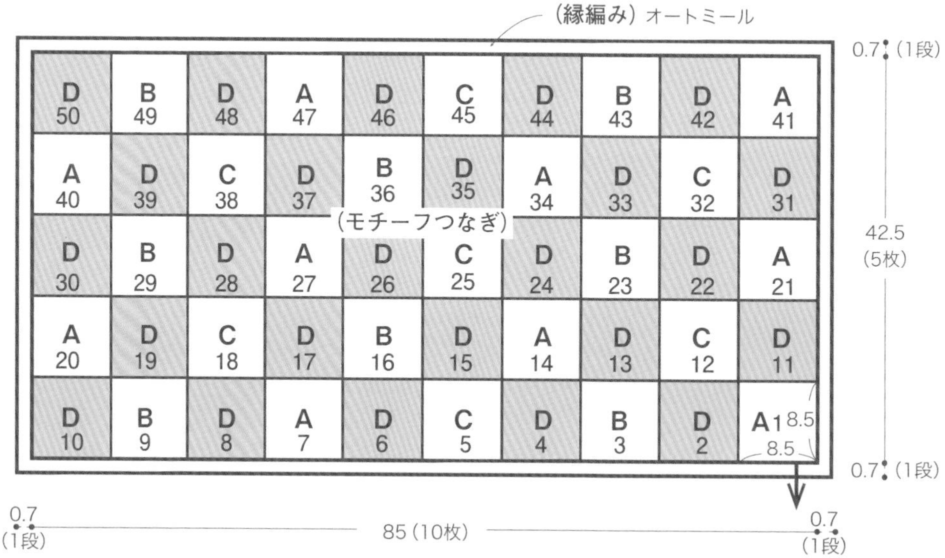

できあがりサイズ　幅86.4cm、長さ43.9cm

ゲージ　モチーフの大きさ　8.5×8.5cm

(縁編み) オートミール

(モチーフつなぎ)

D 50	B 49	D 48	A 47	D 46	C 45	D 44	B 43	D 42	A 41
A 40	D 39	C 38	D 37	B 36	D 35	A 34	D 33	C 32	D 31
D 30	B 29	D 28	A 27	D 26	C 25	D 24	B 23	D 22	A 21
A 20	D 19	C 18	D 17	B 16	D 15	A 14	D 13	C 12	D 11
D 10	B 9	D 8	A 7	D 6	C 5	D 4	B 3	D 2	A 1

8.5　8.5
0.7 (1段)　42.5 (5枚)　0.7 (1段)
0.7 (1段)　85 (10枚)　0.7 (1段)

※すべて4/0号針で編む
※数字は編みつなぐ順番を示す

モチーフの配色表

段数	A 10枚	B 8枚
6・7段	オートミール	オートミール
5段	ナチュラルホワイト	ナチュラルホワイト
4段	オートミール	オートミール
2・3段	クリムゾンレッド	グレイッシュローズ
1段	ナチュラルホワイト	ナチュラルホワイト

段数	C 7枚	D 25枚
6・7段	オートミール	オートミール
5段	ナチュラルホワイト	ナチュラルホワイト
4段	オートミール	
2・3段	バーミリオンオレンジ	オートミール
1段	ナチュラルホワイト	ナチュラルホワイト

※配色表の色に合わせて糸を替える
同じ色の段が離れる場合は一旦、糸を切ってつけ直す

モチーフ

◀ =糸を切る

モチーフのつなぎ方と縁編み

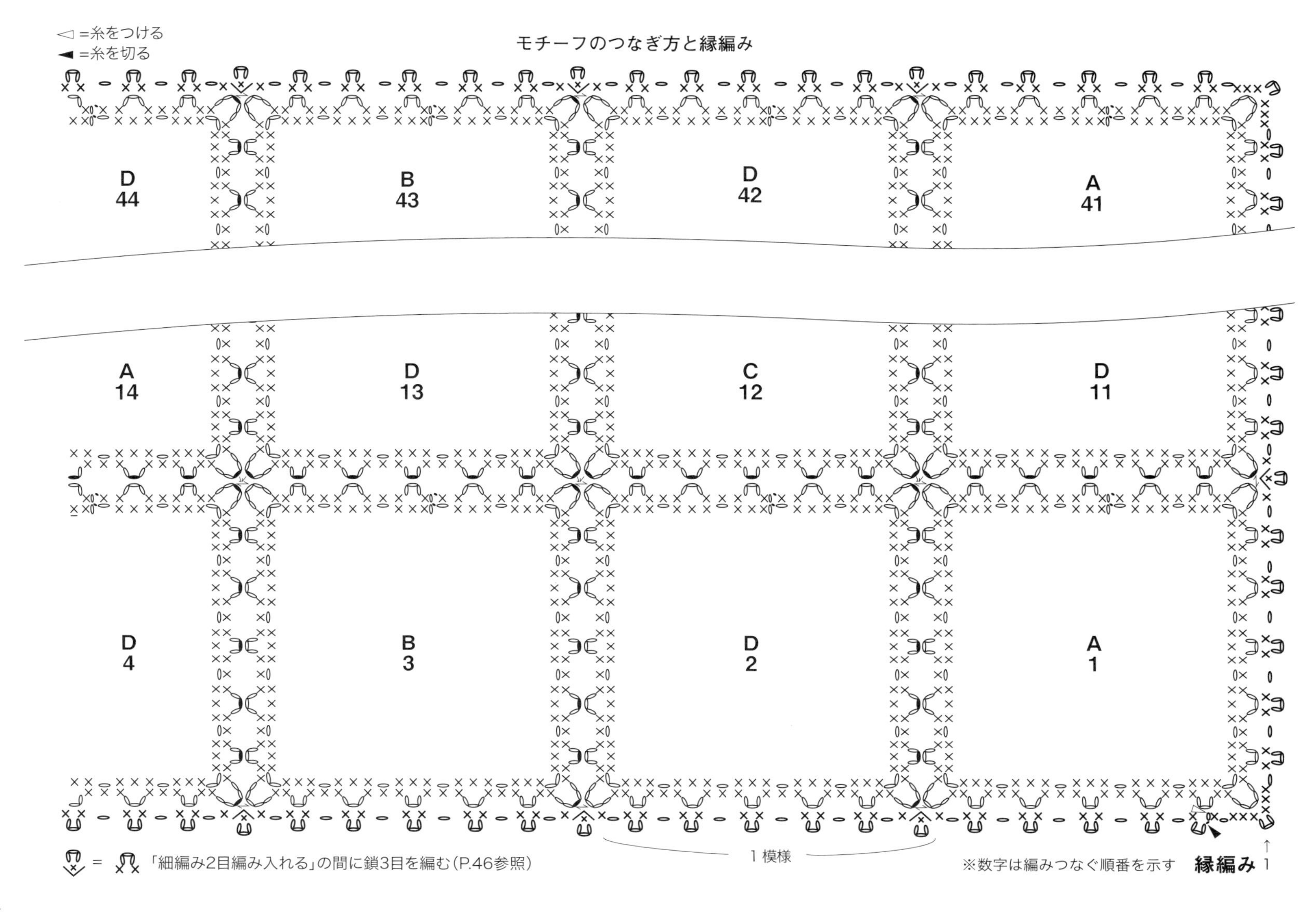

B ハンガーカバー Photo ▶ P.6

材料と用具

糸…ハマナカ　アメリーエフ《合太》
ダークグレー (526) 35g、キャロットオレンジ (506)・パロットグリーン (516) 各5g
針…かぎ針4/0号
その他…長さ2.5cmのブローチピン1個

できあがりサイズ

ハンガーカバー／幅14.5cm、長さ46cm
バラのブローチ／9.5cm×7cm

編み方　＊糸は1本どりで編む。

1. バラのブローチはバラの花＜大＞＜中＞＜小＞をそれぞれ編み、花芯側から巻いて形を作る。葉、土台を編み、図を参照してまとめる。
2. ハンガーカバーは鎖7目を編み、図を参照して模様編みを編む。
3. 編み終わりの7目ずつを糸端で巻きかがりをして合わせ、縁編みを編む。

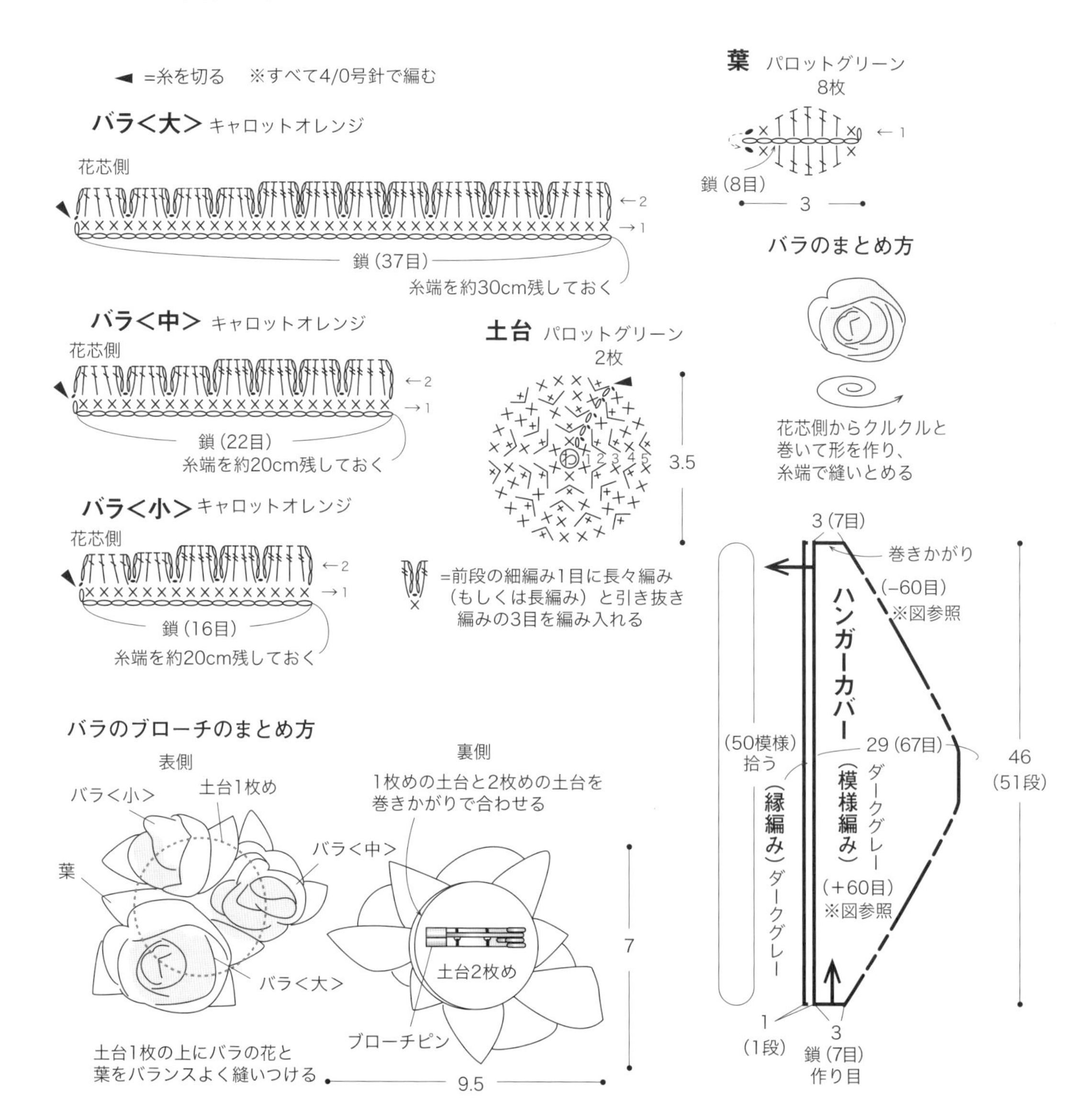

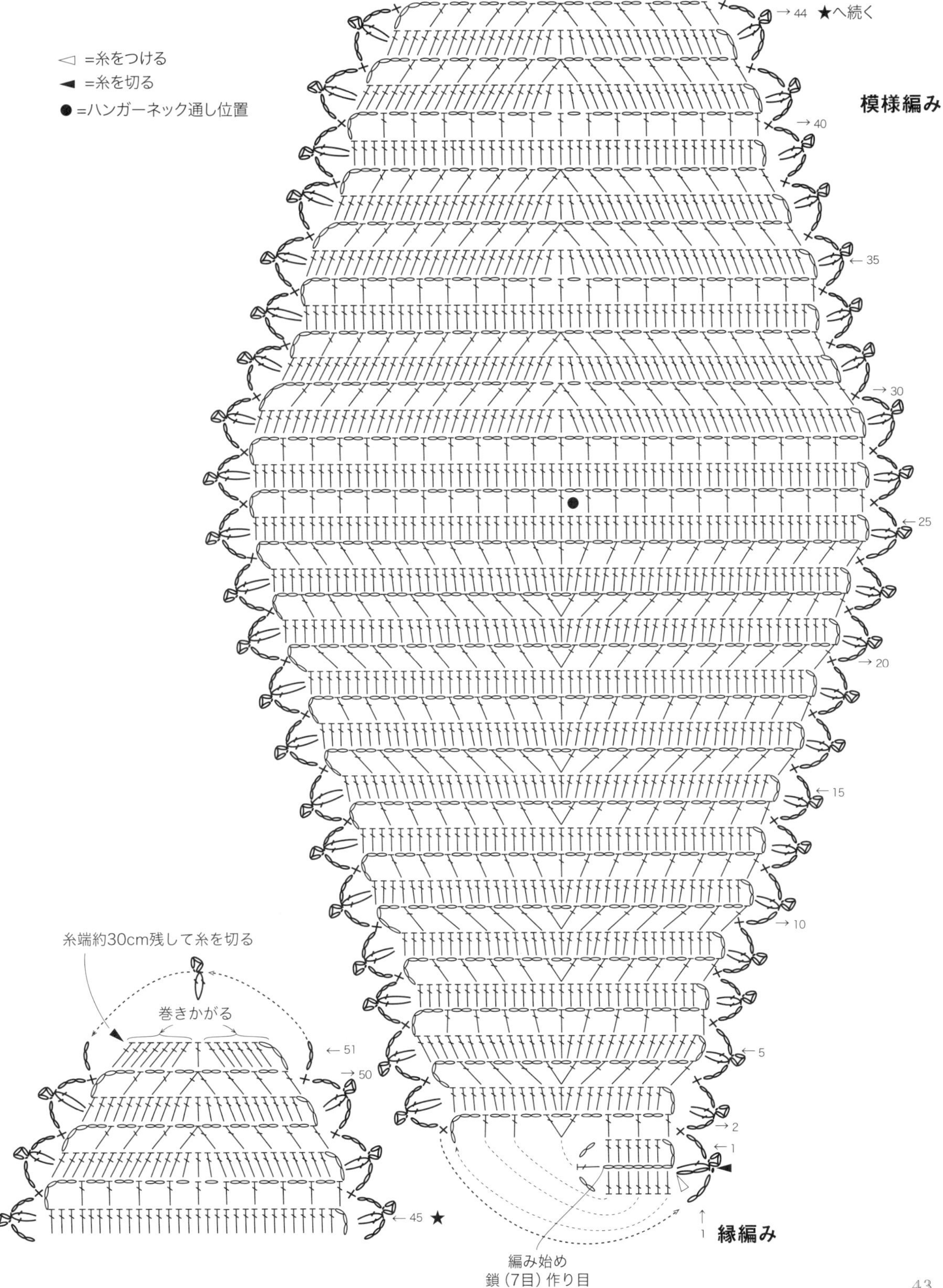
◁ =糸をつける
◀ =糸を切る
● =ハンガーネック通し位置
模様編み
→44 ★へ続く
→40
←35
→30
←25
→20
←15
→10
←5
→2
←1
1
縁編み
編み始め
鎖（7目）作り目
糸端約30cm残して糸を切る
巻きかがる
←51
→50
←45 ★

C フロアマット Photo ▶ P.8

材料と用具

糸…ハマナカ　アメリーエル《極太》
緑 (108) 150g、ベージュ (113)・黄緑 (114) 各65g、
えんじ (106)・金茶(103) 各20g
針…かぎ針10/0号

できあがりサイズ　幅73cm、長さ45cm

ゲージ　モチーフ大の大きさ　14×14cm

編み方　＊糸は1本どりで編む。

1. 輪の作り目をして、モチーフ大を編みながら引き抜き編みで15枚編みつなぐ。
2. モチーフ小を編みながら引き抜き編みでモチーフ大に編みつなぐ。
3. 半円のモチーフを編みながら引き抜き編みで縁周りのモチーフ大に編みつなぐ。
4. 周囲に縁編みを編む。

モチーフ大 15枚

モチーフ大の配色表

段数	A 8枚	B 7枚
5	緑	緑
4	黄緑	ベージュ
3	ベージュ	黄緑
1・2	えんじ	金茶

モチーフ小 8枚　緑

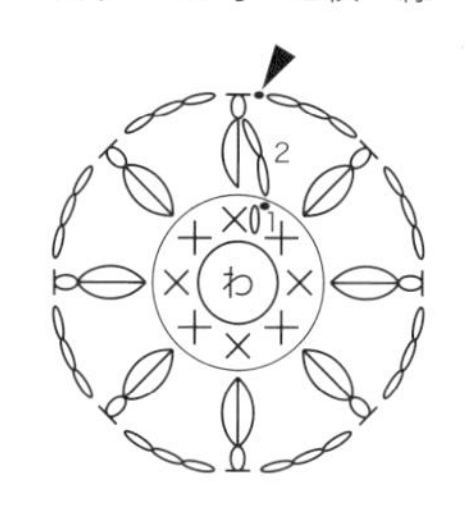

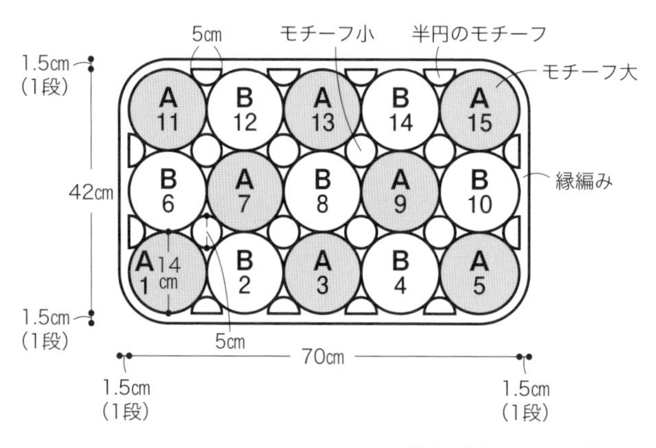

半円のモチーフ 12枚　緑

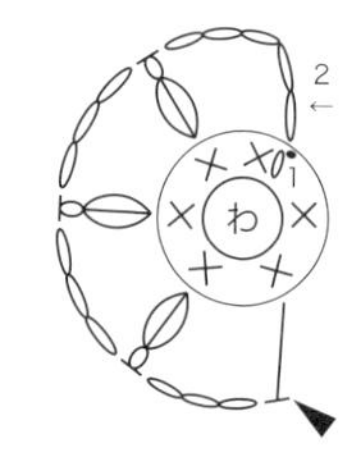

◁ =糸をつける
◀ =糸を切る
※すべて10/0号針で編む

※数字は編みつなぐ順番を示す

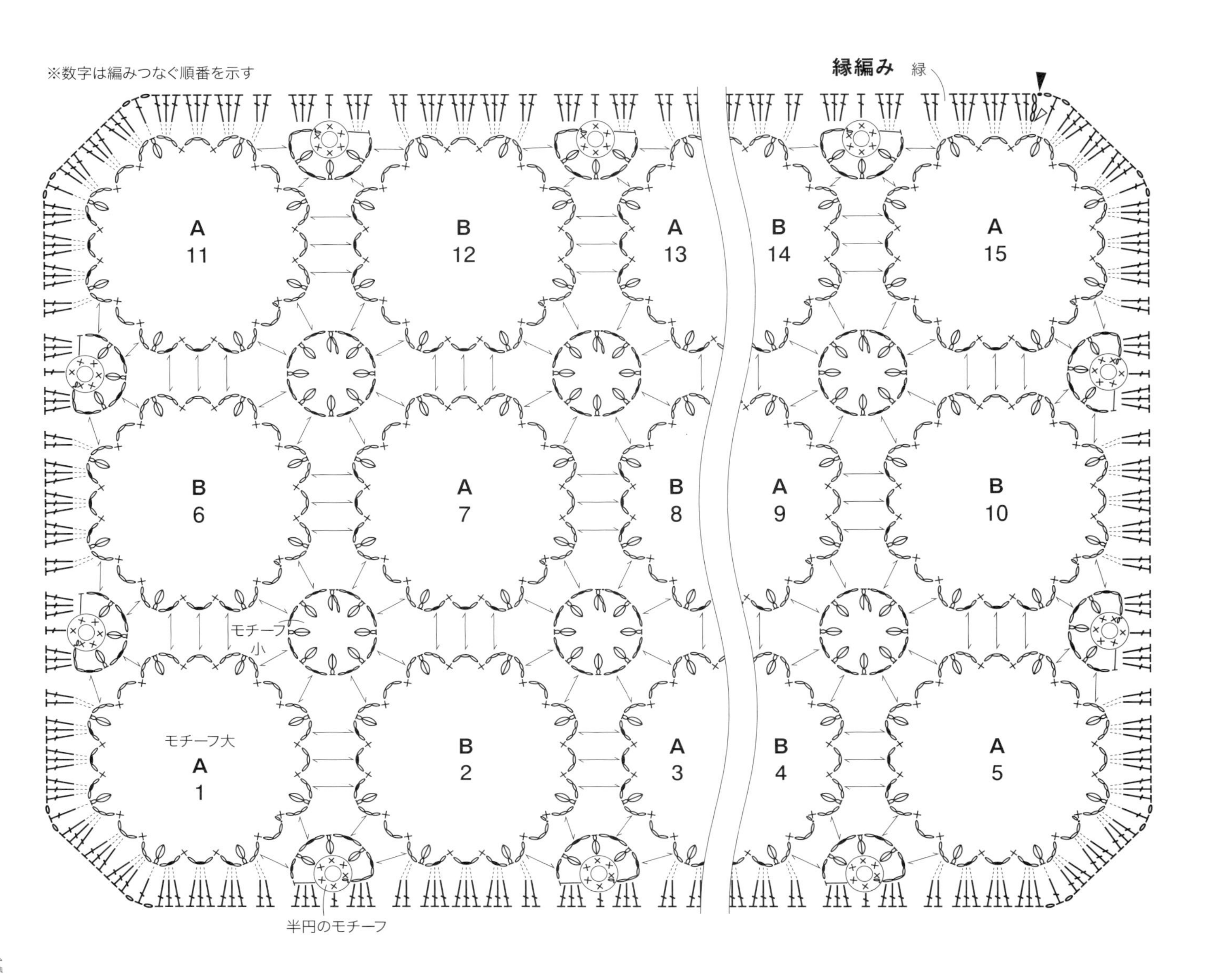
※数字は編みつなぐ順番を示す
縁編み
緑
A 11
B 12
A 13
B 14
A 15
B 6
A 7
B 8
A 9
B 10
モチーフ小
モチーフ大
A 1
B 2
A 3
B 4
A 5
半円のモチーフ

D クッションカバー Photo ▶ P.10

❁ 材料と用具

糸…ハマナカ　アメリーエフ《合太》
バーミリオンオレンジ（507）・ピーチピンク（504）各70g、
クリムゾンレッド（508）55g
針…かぎ針4/0号
その他…直径2cmのボタンを4個、木綿糸、縫い針
※P.10の作品写真では40cm角のインナークッションを使用しています。わた詰めの調子によってはカバーがきつくなる場合がありますので、カバーの仕上がりサイズに合うクッションを選んでください。

❁ できあがりサイズ　幅41.4cm、長さ41.4cm

❁ ゲージ　モチーフの大きさ　10×10cm

編み方　＊糸は1本どりで編む。

1. 前側は輪の作り目をしてモチーフを編み、2枚めのモチーフから最終段で引き抜き編みをしながら16枚つなぐ。後ろ側も同様に作る。
2. 前側と後ろ側を外表に合わせ、2枚一緒に3辺を縁編みして袋状にする。
3. 入れ口部分は前側、後ろ側を別々に縁編みを編み、続けて前側の入れ口部分に戻って縁編みをもう1段編む。
4. 指定の位置にボタンを縫いつける。

モチーフ 32枚

モチーフ配色表

段数	A 16枚	B 16枚
6・7	クリムゾンレッド	クリムゾンレッド
1～5	バーミリオンオレンジ	ピーチピンク

◁ ＝糸をつける
◀ ＝糸を切る
※すべて4/0号針で編む

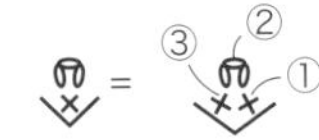

①細編み1目
②鎖編み3目
③①と同じ目を拾って細編み1目

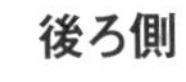

後ろ側

B 32	A 31	A 30	B 29
A 28	B 27	B 26	A 25
A 24	B 23	B 22	A 21
B 20	A 19	A 18	B 17

40cm

前側

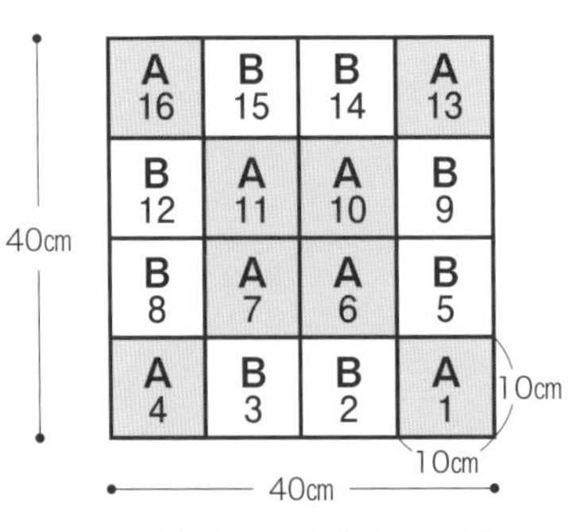

A 16	B 15	B 14	A 13
B 12	A 11	A 10	B 9
B 8	A 7	A 6	B 5
A 4	B 3	B 2	A 1

※数字は編みつなぐ順番を示す

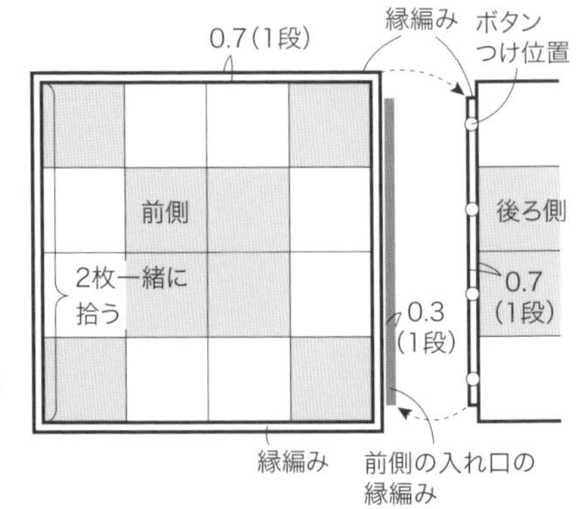

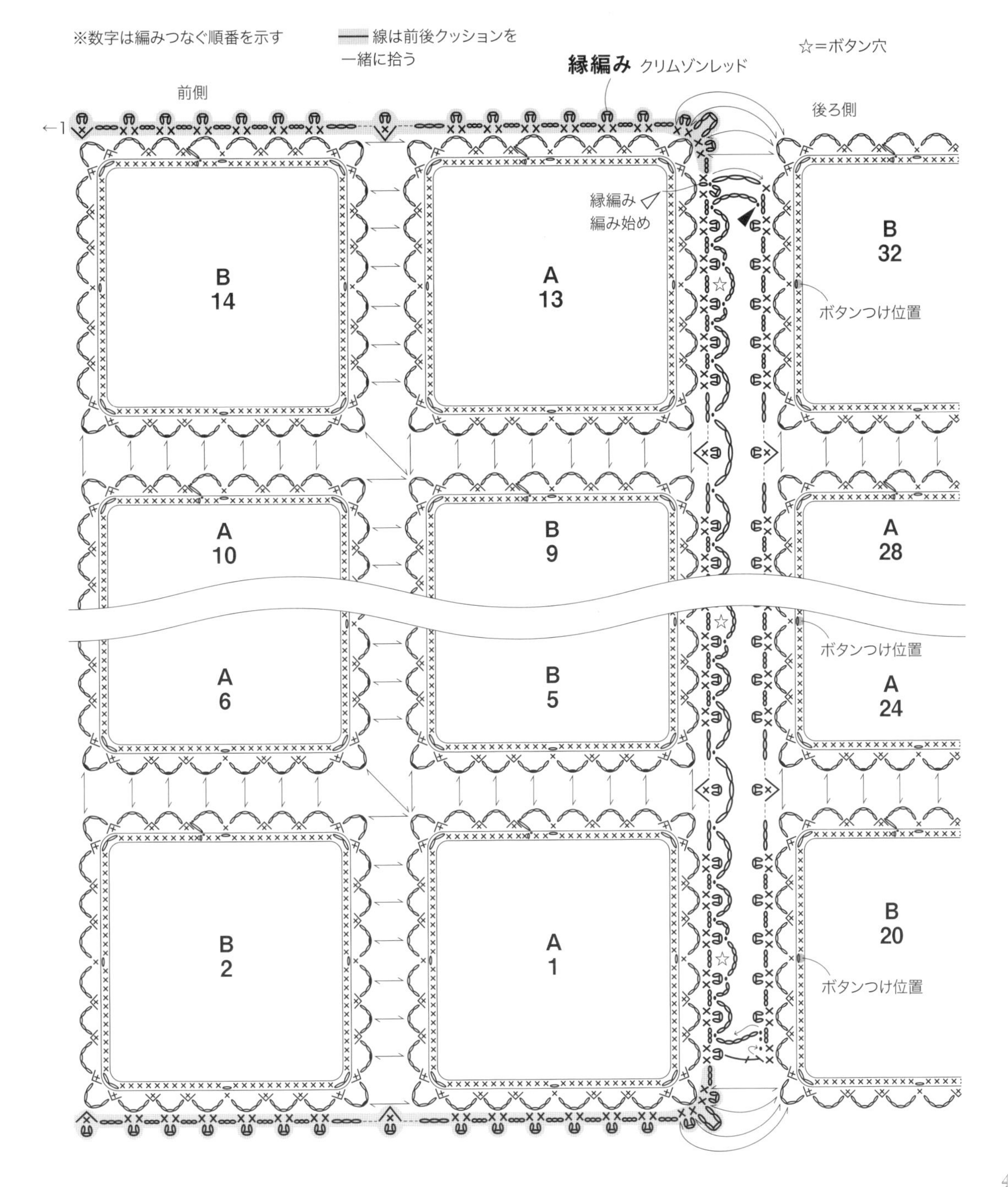
※数字は編みつなぐ順番を示す
線は前後クッションを
一緒に拾う
☆＝ボタン穴
縁編み クリムゾンレッド
前側
←1
後ろ側
縁編み
編み始め
B
14
A
13
B
32
ボタンつけ位置
A
10
B
9
A
28
A
6
B
5
A
24
ボタンつけ位置
B
2
A
1
B
20
ボタンつけ位置

E ミニトレイ Photo ▶ P.11

材料と用具

糸…ハマナカ　アメリー

a : ダークレッド (6)・ピンク (7) 各5g、ライラック (42) 4g

b : ラベンダー (43)・ライラック (42) 各5g、
　コーンイエロー (31) 4g

c : グリーン (14)・ライラック (42) 各5g、ピンク (7) 4g

針…かぎ針5/0号

できあがりサイズ　直径約10cm、底8cm、高さ2cm

編み方　＊糸は1本どりで編む。

輪の作り目をして色を替えながら８段編み、最後に縁編みを1段編む。色を替えるごとに糸を切り、糸始末をする。

a、b、c、同様に編む。

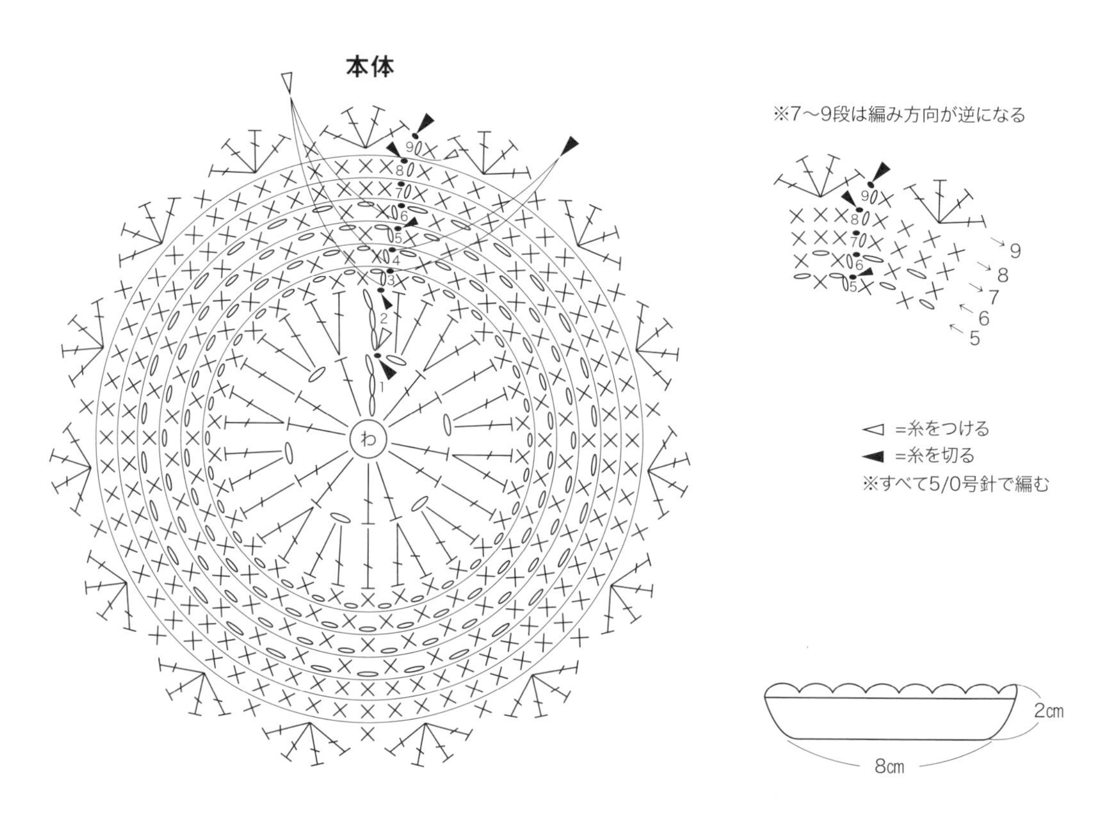

配色表

段数	a	b	c
9	ダークレッド	ラベンダー	グリーン
6~8	ピンク	ライラック	ライラック
5	ライラック	コーンイエロー	ピンク
4	ダークレッド	ラベンダー	グリーン
3	ピンク	ライラック	ライラック
2	ライラック	コーンイエロー	ピンク
1	ダークレッド	ラベンダー	グリーン

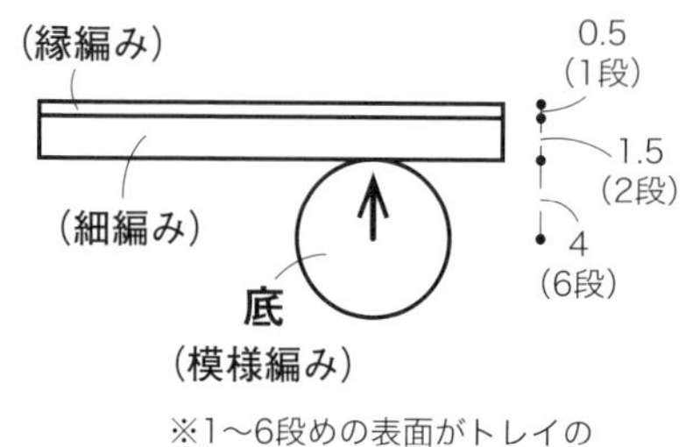

※1～6段めの表面がトレイの外側になる

Q びんカバー Photo ▶ P.25

❁ 材料と用具

糸…ハマナカ　アメリーエフ《合太》

a：バーミリオンオレンジ（507）6g、ブラウン（519）4g、
ナチュラルホワイト（501）1g

b：パロットグリーン（516）6g、パープルヘザー（510）4g、
ナチュラルホワイト（501）1g

c：マリーゴールドイエロー（503）6g、ダークグレー（526）4g、
ナチュラルホワイト（501）1g

針…かぎ針4/0号

❁ できあがりサイズ　底6.6cm、高さ7cm

編み方　＊糸は1本どりで編む。

1. 輪の作り目をして底を長編みで4段編む。
2. 側面は配色表を参照して色を替えながら5～13段を増減なく編む。
3. 縁編みを2段編む。a、b、c、同様に編む。

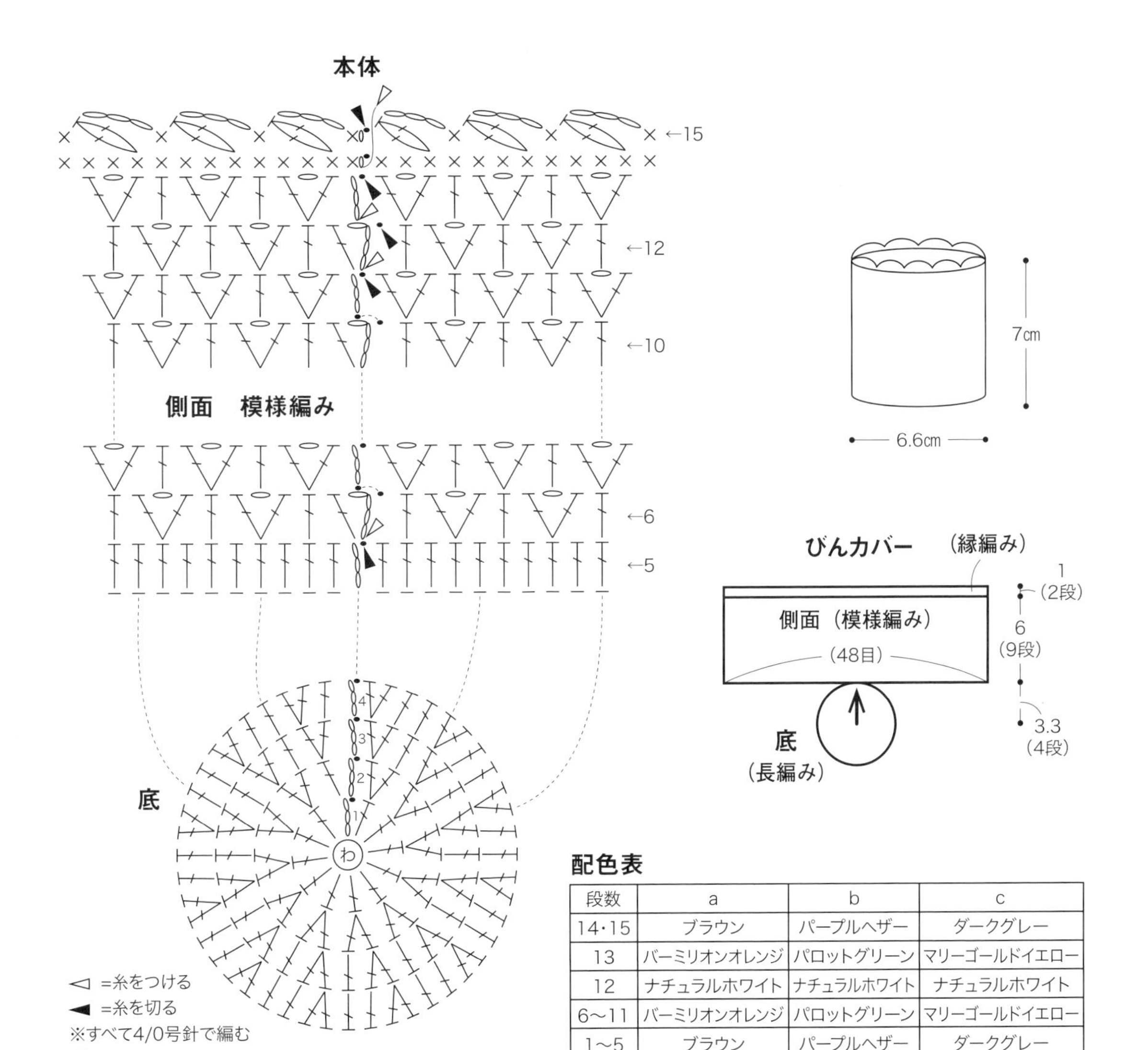

配色表

段数	a	b	c
14・15	ブラウン	パープルヘザー	ダークグレー
13	バーミリオンオレンジ	パロットグリーン	マリーゴールドイエロー
12	ナチュラルホワイト	ナチュラルホワイト	ナチュラルホワイト
6～11	バーミリオンオレンジ	パロットグリーン	マリーゴールドイエロー
1～5	ブラウン	パープルヘザー	ダークグレー

F スクエアカバー Photo ▶ P.12

材料と用具

糸…ハマナカ　アメリーエフ《合太》
ナチュラルホワイト (501) 20g、
バーミリオンオレンジ (507)・ダークレッド (509)・
パロットグリーン (516)・ピーコックグリーン (515) 各5g、
ブラウン (519)・マリーゴールドイエロー (503) 3g
針…かぎ針4/0号

できあがりサイズ　幅25.5cm、長さ25.5cm

ゲージ　モチーフの大きさ　8.5×8.5cm

編み方　＊糸は1本どりで編む。

1. 輪の作り目をして色を替えながらモチーフAを5枚、Bを4枚編む。
2. 図を参照して、モチーフを巻きかがりはぎでつなぐ(Point Lesson ▶ P.38)。

モチーフ 9枚

◁ =糸をつける
◀ =糸を切る
※すべて4/0号針で編む

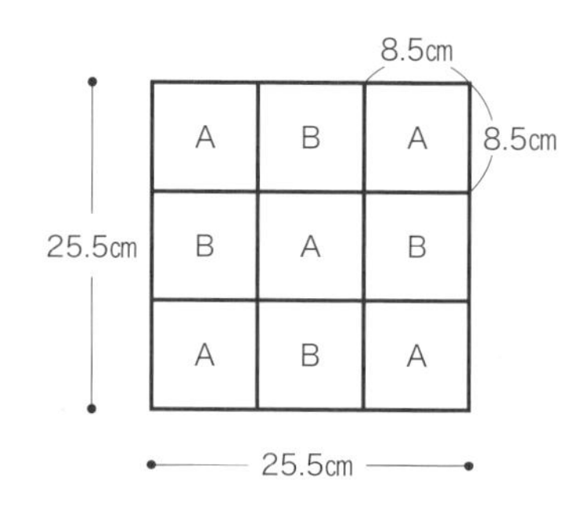

モチーフ配色表

段数	A 5枚	B 4枚
7	ナチュラルホワイト	ナチュラルホワイト
6	バーミリオンオレンジ	パロットグリーン
5	ナチュラルホワイト	ナチュラルホワイト
4	ピーコックグリーン	ダークレッド
3	パロットグリーン	バーミリオンオレンジ
1･2	ブラウン	マリーゴールドイエロー

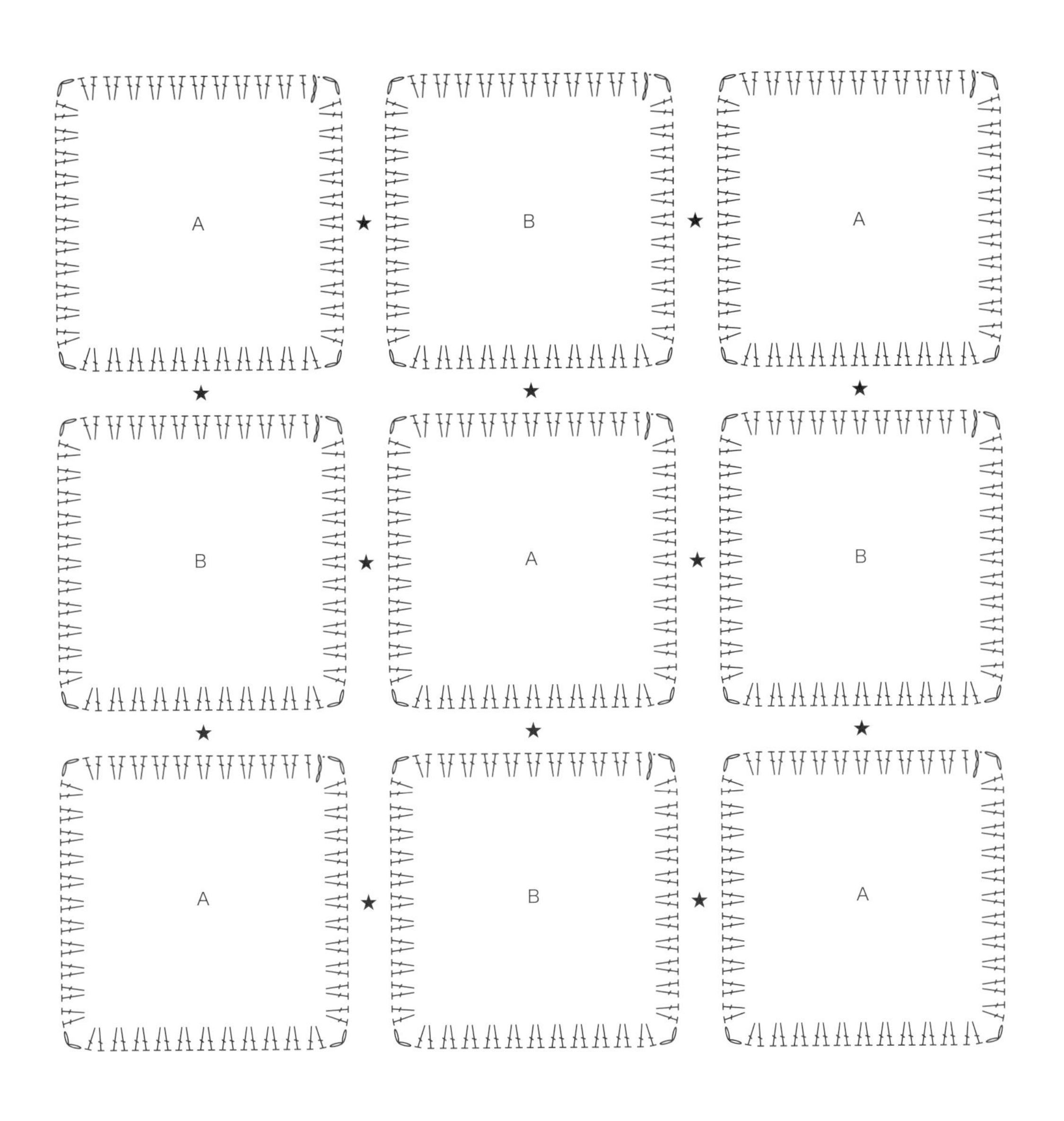

糸:ナチュラルホワイト
巻きかがりはぎ(半目の巻きかがり)で
モチーフ9枚をつなぐ(★)

G モチーフショール Photo ▶ P.14

❁ 材料と用具

糸…ハマナカ　アメリー
パープル (18) 120g、グレイッシュイエロー (1) 95g、
プラムレッド (32)・コーンイエロー (31)・ラベンダー (43)・
フォレストグリーン (34) 各35g、グラスグリーン (13) 20g
針…かぎ針5/0号

❁ できあがりサイズ　幅38cm、長さ173cm

❁ ゲージ　モチーフの大きさ　9×9cm

編み方　＊糸は1本どりで編む。

1.輪の作り目をして、図を参照して色を替えながらモチーフA～Eを76枚編む。
2.2枚めのモチーフから最終段で引き抜き編みをしながらつなぐ (Point Lesson ▶ P.38)。
3.周囲に縁編みを編む。

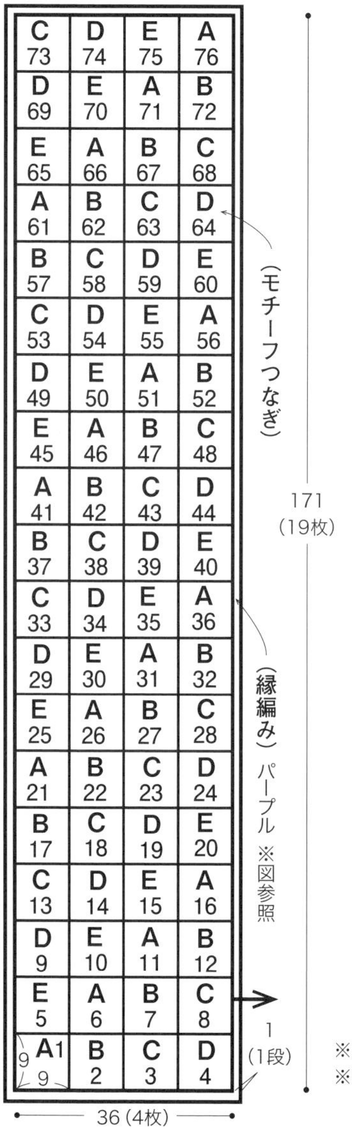

C 73	D 74	E 75	A 76
D 69	E 70	A 71	B 72
E 65	A 66	B 67	C 68
A 61	B 62	C 63	D 64
B 57	C 58	D 59	E 60
C 53	D 54	E 55	A 56
D 49	E 50	A 51	B 52
E 45	A 46	B 47	C 48
A 41	B 42	C 43	D 44
B 37	C 38	D 39	E 40
C 33	D 34	E 35	A 36
D 29	E 30	A 31	B 32
E 25	A 26	B 27	C 28
A 21	B 22	C 23	D 24
B 17	C 18	D 19	E 20
C 13	D 14	E 15	A 16
D 9	E 10	A 11	B 12
E 5	A 6	B 7	C 8
A1	B 2	C 3	D 4

(モチーフつなぎ)
171 (19枚)
(縁編み) パープル ※図参照
1 (1段)
9　9
36 (4枚)

※すべて4/0号針で編む
※数字は編みつなぐ順番を示す

モチーフの配色表

段数	A 16枚	B 15枚	C 15枚	D 15枚	E 15枚
6段	パープル	パープル	パープル	パープル	パープル
5段	フォレストグリーン	コーンイエロー	グラスグリーン	プラムレッド	ラベンダー
4段	グレイッシュイエロー	グレイッシュイエロー	グレイッシュイエロー	グレイッシュイエロー	グレイッシュイエロー
3段	プラムレッド	フォレストグリーン	パープル	ラベンダー	コーンイエロー
1・2段	グレイッシュイエロー	グレイッシュイエロー	グレイッシュイエロー	グレイッシュイエロー	グレイッシュイエロー

◁ =糸をつける
◀ =糸を切る

モチーフ

わ
1 2 3 4 5 6
9

※数字は編みつなげる順番を示す

◁ =糸をつける

◀ =糸を切る

モチーフのつなぎ方と縁編み

J ジャムびんカバー Photo ▶ P.19

❁ 材料と用具

糸…ハマナカ　アメリーエフ《合太》
オートミール（521）5g、
パロットグリーン（516）4g
針…かぎ針4/0号

❁ できあがりサイズ　直径12cm

編み方　＊糸は1本どりで編む。
鎖5目を輪にし、配色表を参照して色を替えながら8段編む。7段めの編み目の間に残りの糸または好みのひもを通し、ジャムびんにかぶせて結ぶ。

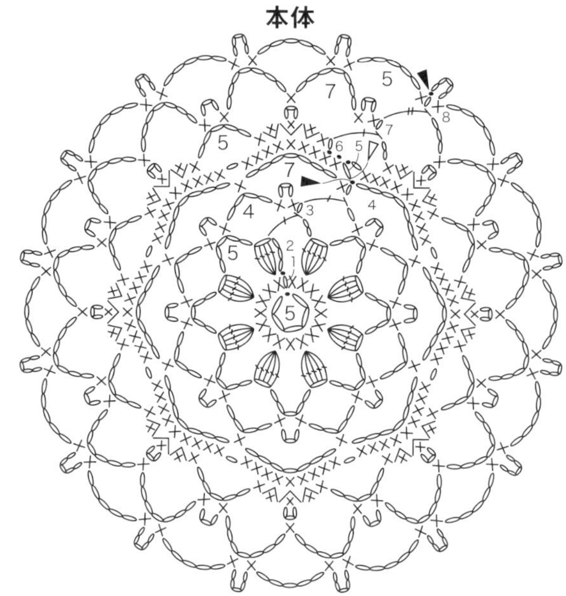

= 「細編み2目編み入れる」の間に鎖を3目編む（P.46参照）
◁ =糸をつける
◀ =糸を切る
※4/0号針で編む

配色表

段数	配色
5～8	オートミール
1～4	パロットグリーン

H 菓子盆カバー Photo ▶ P.16

❁ 材料と用具

糸…ハマナカ　アメリーエフ《合太》
ナチュラルホワイト（501）30g
針…かぎ針4/0号

❁ できあがりサイズ　28.5×28.5cm

編み方　＊糸は1本どりで編む。
1. 輪の作り目をして、モチーフを14枚編む。
2. 2枚めのモチーフから最終段で引き抜き編みをしながらつなぐ。

(モチーフつなぎ)

28.5
(4枚)

28.5
(4枚)

モチーフ 14枚

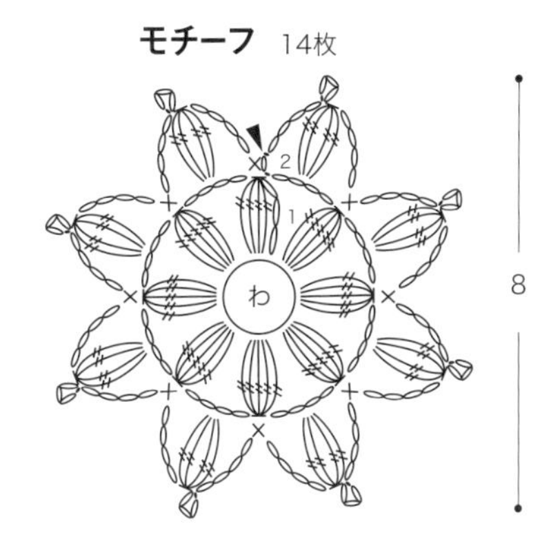

※すべて4/0号針で編む
※数字は編みつなぐ順番を示す

モチーフのつなぎ方

K コースター Photo ▶ P.19

❁ 材料と用具

糸…ハマナカ　アメリーエフ《合太》
マリーゴールドイエロー（503）3g、
ナチュラルホワイト（501）・
キャメル（520）各2g
針…かぎ針4/0号

❁ できあがりサイズ　縦10cm、横10cm

編み方　＊糸は1本どりで編む。
鎖6目を輪にし、配色表を参照して色を替えながら8段編む。

◁ =糸をつける
◀ =糸を切る
※4/0号針で編む

配色表

段数	配色
8	マリーゴールドイエロー
6・7	キャメル
4・5	ナチュラルホワイト
2・3	マリーゴールドイエロー
1	ナチュラルホワイト

I なべしき Photo ▶ P.18

❁ 材料と用具

糸…ハマナカ　アメリーエフ《合太》
ナチュラルホワイト（501）17g、
バーミリオンオレンジ（507）6g
針…かぎ針4/0号

❁ できあがりサイズ　直径16cm

編み方　＊糸は1本どりで編む。

1. 輪の作り目をして、本体を糸を替えながら8段編む。同じものを2枚編む。
2. 本体2枚を外表に合わせ、バーミリオンオレンジで縁編みを編む（図を参照して本体の上にも編みつけて仕上げる）。

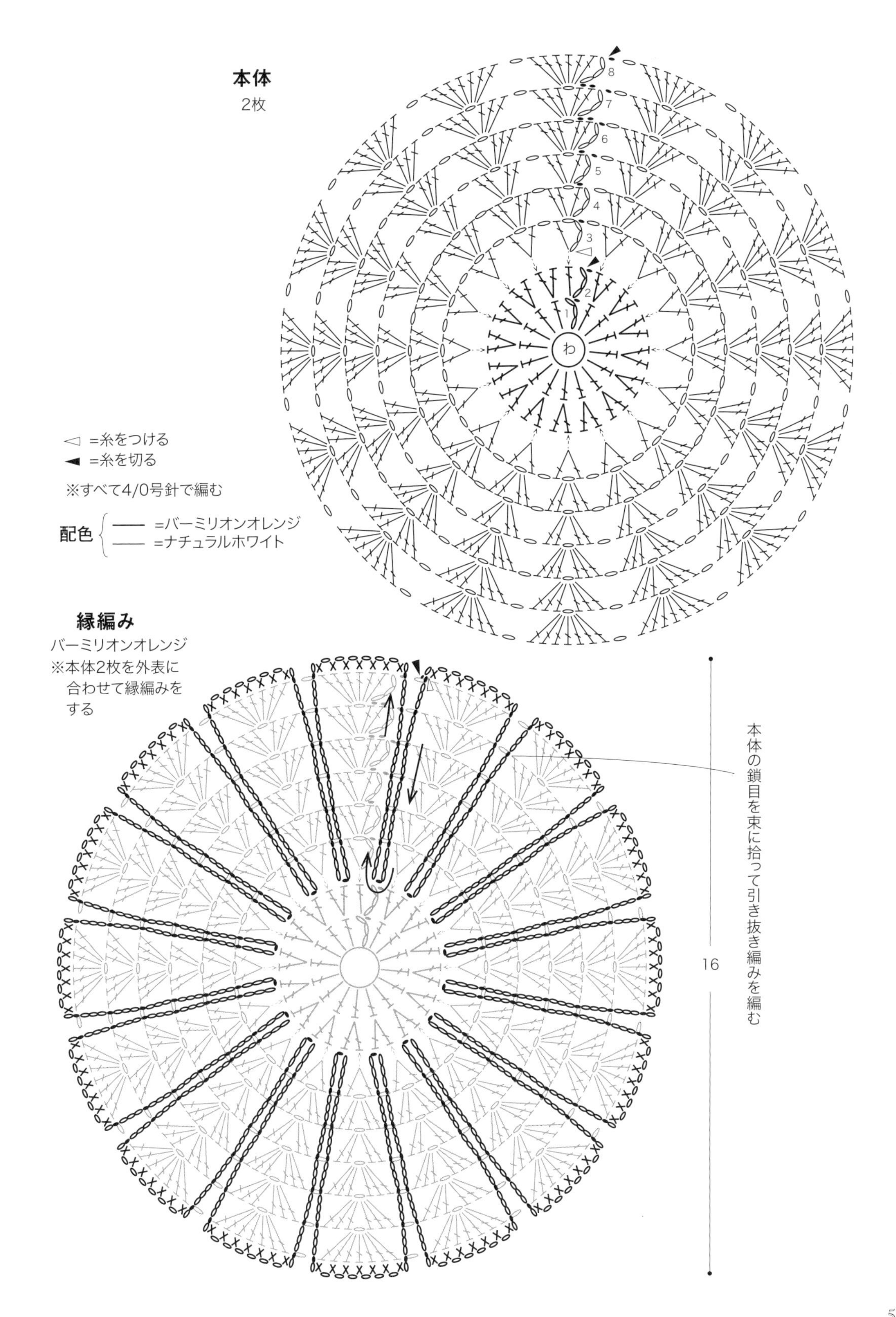
本体
2枚
8
7
6
5
4
3
2
1
わ
◁ =糸をつける
◀ =糸を切る
※すべて4/0号針で編む
配色
=バーミリオンオレンジ
=ナチュラルホワイト
縁編み
バーミリオンオレンジ
※本体2枚を外表に
合わせて縁編みを
する
本体の鎖目を束に拾って引き抜き編みを編む
16

N サークルのれん Photo ▶ P.20

材料と用具

糸…ハマナカ　アメリーエフ《合太》

ナチュラルホワイト (501) 42g、ピーコックグリーン (515) 22g、パープルヘイズ (511) 21g

針…かぎ針4/0号

できあがりサイズ　幅78cm、長さ48cm

編み方　＊糸は1本どりで編む。

1. 輪の作り目をして、モチーフA、Bを各73枚編む。
2. モチーフ配置図を参照して、モチーフA、Bの配置と枚数でモチーフをつなぐ。
3. ブレードは鎖の作り目をして44段編む。作り目の反対側から拾い目をして同様に44段編む。
4. 続けて縁周りの細編みを編むが、下側を編むときに鎖5目のピコットでモチーフと編みつなぎながら編む。
5. ブレードの裏側から引き抜き編みを縁周りの細編みに編む。
6. ブレード裏側に棒通しを編みつける。

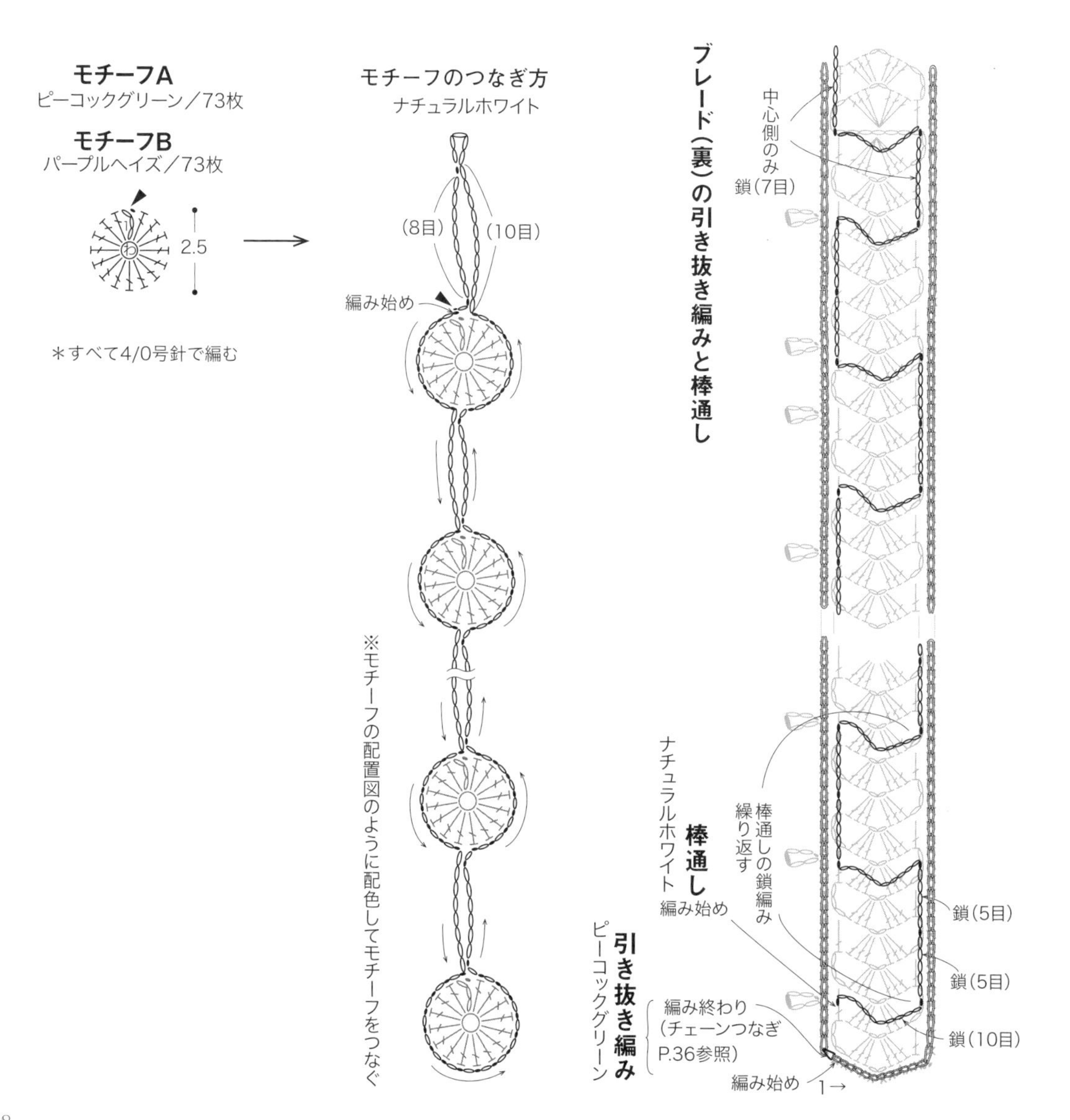

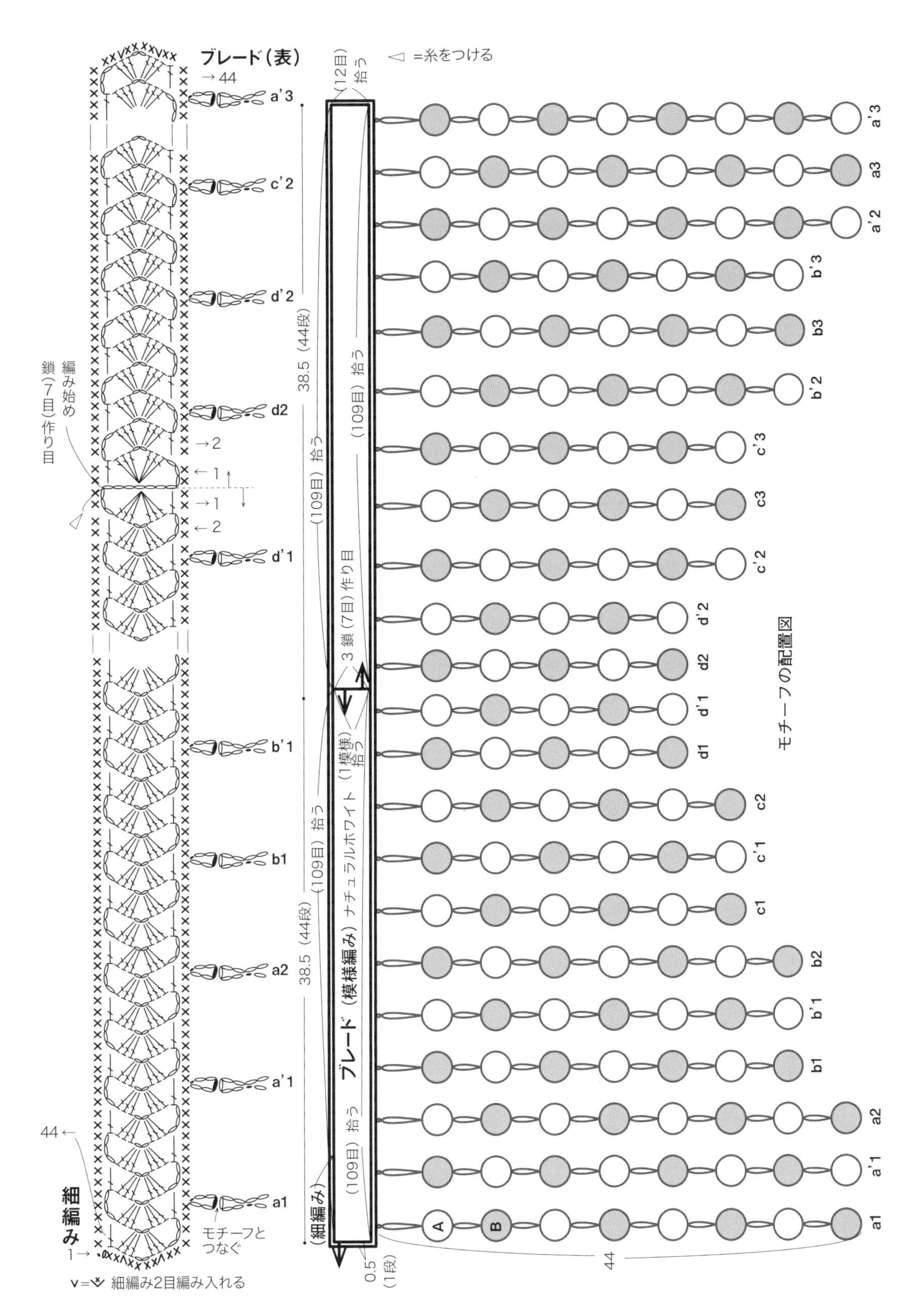
ブレード（表）
◁ =糸をつける
(12目)拾う
→44
a'3
c'2
d'2
d2
d'1
b'1
b1
a2
a'1
a1
鎖(7目)作り目
編み始め
→2
←1
→1
←2
44←
1→
細編み
モチーフとつなぐ
v= 細編み2目編み入れる
38.5（44段）
(109目)拾う
(109目)作り目
3 鎖(7目)作り目
(1模様)拾う
ブレード（模様編み）ナチュラルホワイト
(細編み)
0.5 (1段)
44
A
B
a'3
a3
a'2
b'3
b3
b'2
c'3
c3
c'2
d'2
d2
d'1
d1
c2
c'1
c1
b2
b'1
b1
a2
a'1
a1
モチーフの配置図

O 円座 Photo ▶ P.22

❁ 材料と用具

糸…ハマナカ　アメリーエル《極太》
ピンク（105）180g、紫（115）125g
針…かぎ針8/0号、7/0号

❁ できあがりサイズ　直径38cm

編み方　＊糸は1本どりで編む。

1. 表面は輪の作り目をして模様編みBを図を参照して色を替えながら編む。フリルの次の段を編むときはフリルを前に倒して目を拾う。
2. 裏面は輪の作り目をして模様編みAを増し目をしながら19段編む。
3. 表面と裏面を外表に合わせて、裏面から最終段を2枚一緒に引き抜き編みで合わせる。糸はピンク。

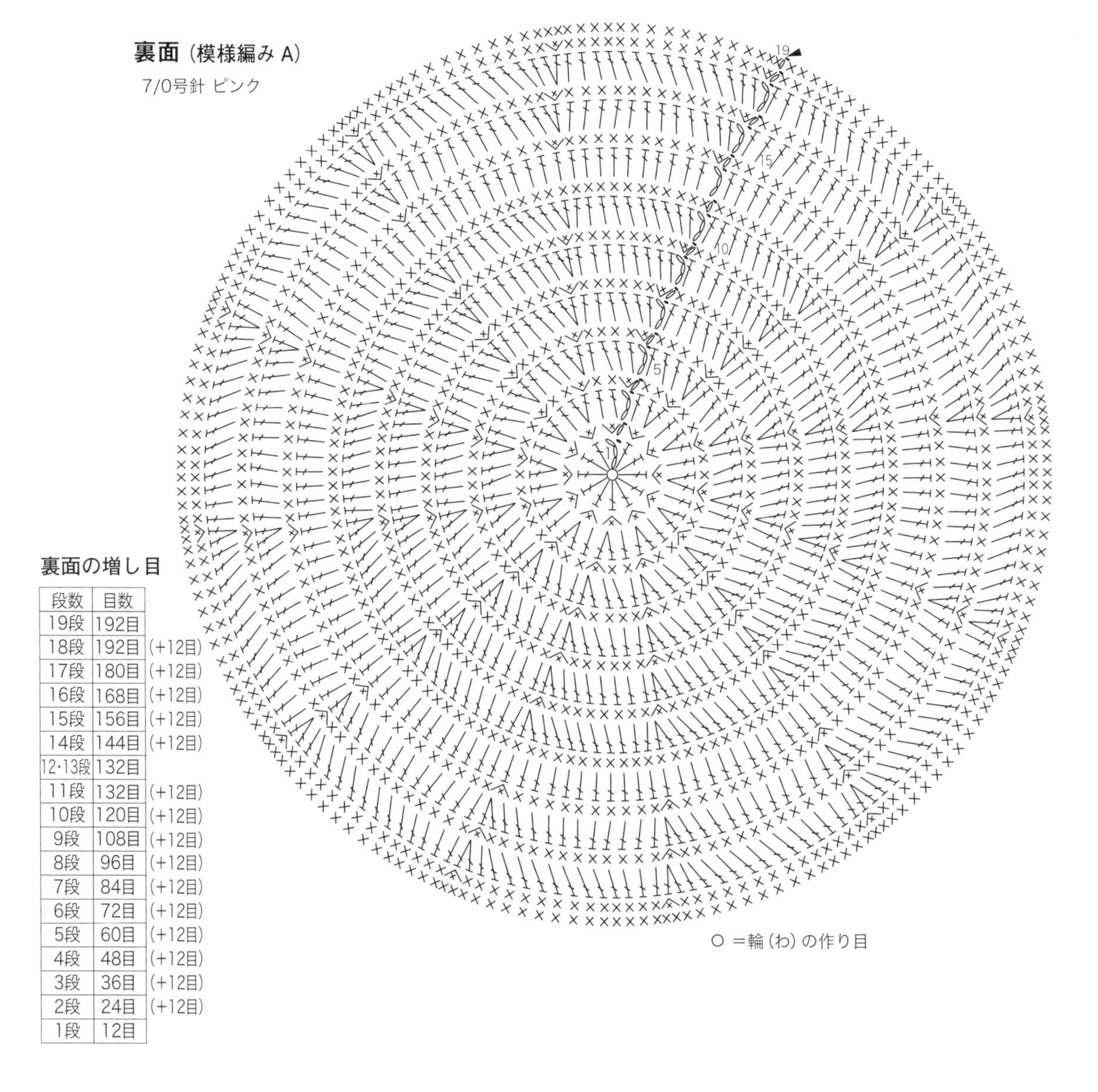

裏面の増し目

段数	目数	
19段	192目	
18段	192目	(+12目)
17段	180目	(+12目)
16段	168目	(+12目)
15段	156目	(+12目)
14段	144目	(+12目)
12・13段	132目	
11段	132目	(+12目)
10段	120目	(+12目)
9段	108目	(+12目)
8段	96目	(+12目)
7段	84目	(+12目)
6段	72目	(+12目)
5段	60目	(+12目)
4段	48目	(+12目)
3段	36目	(+12目)
2段	24目	(+12目)
1段	12目	

表面(模様編みB) 8/0号針

※最終段の18段めのみ7/0号針で編む

◁ =糸をつける
◀ =糸を切る

配色 { —— =ピンク
—— =紫

P ティッシュボックスカバー Photo ▶ P.24

材料と用具

糸…ハマナカ　アメリーエフ《合太》
グレー(523) 30g、ナチュラルホワイト(501)・
バーミリオンオレンジ(507)・
マリーゴールドイエロー(503) 各5g、ピンク(505) 2g
針…かぎ針4/0号
その他…直径1.3cmのボタンを4個、木綿糸、縫い針

できあがりサイズ　横22.5cm、縦12cm、高さ4.5cm

ゲージ　モチーフの大きさ　4.5×4.5cm

編み方　＊糸は1本どりで編む。
＊モチーフの数字は編みつなぐ順番を示す。

1. 輪の作り目をして色を替えながらモチーフ1を編み、モチーフ2から12まで最終段で12枚を編みつなぐ。
2. 反対側も図を参照してモチーフ13〜24（12枚）のモチーフを編みつなぐ。
3. モチーフ1、8〜12、7に縁編みを編む。
4. モチーフ13、20〜24、19に縁編みを編む。2段めを編みながら3の縁編みに編みつなぐ（出し口は残す）。
5. ベルトを編み、指定の位置にボタンをつける。

モチーフ 24枚

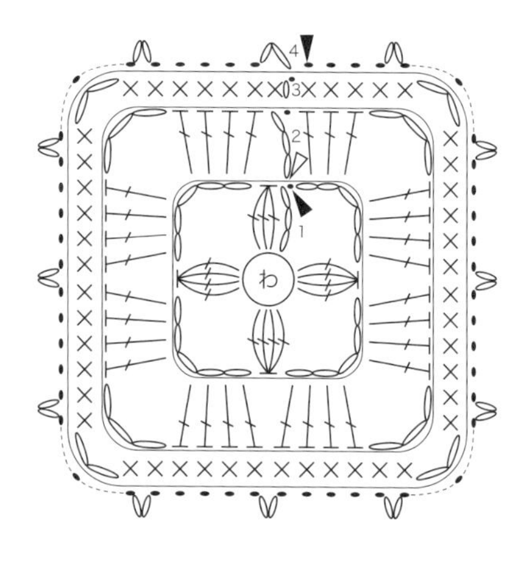

ベルト 2枚　グレー

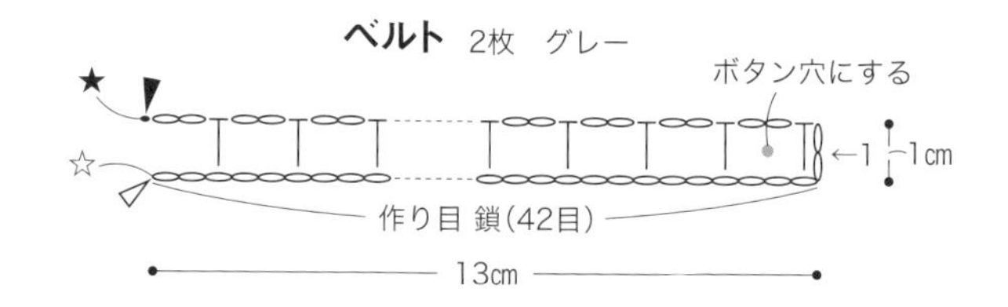

モチーフ配色表

段数	A 4枚	B 5枚	C 5枚	D 10枚
2〜4	グレー	グレー	グレー	グレー
1	ピンク	マリーゴールドイエロー	バーミリオンオレンジ	ナチュラルホワイト

◁ =糸をつける
◀ =糸を切る
※すべて4/0号針で編む

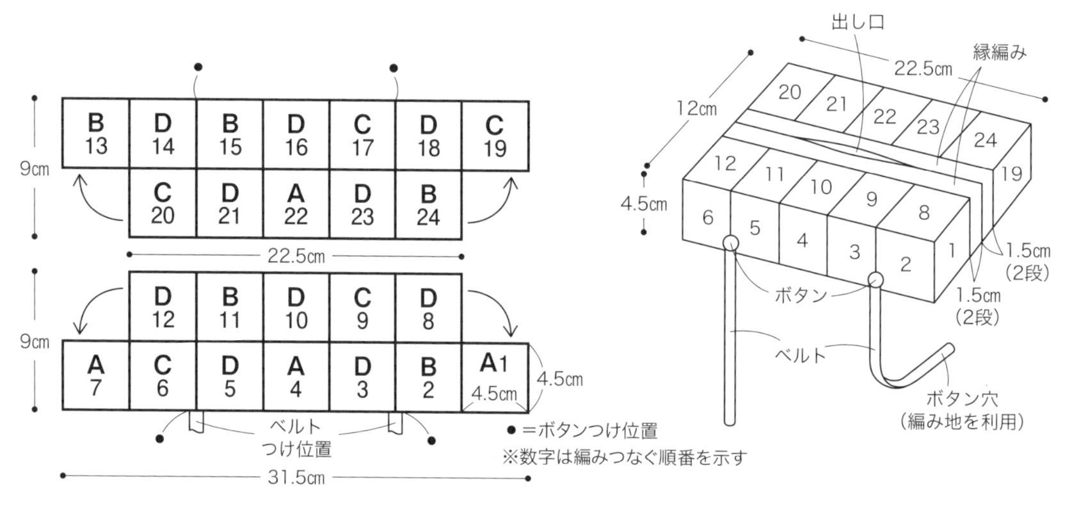

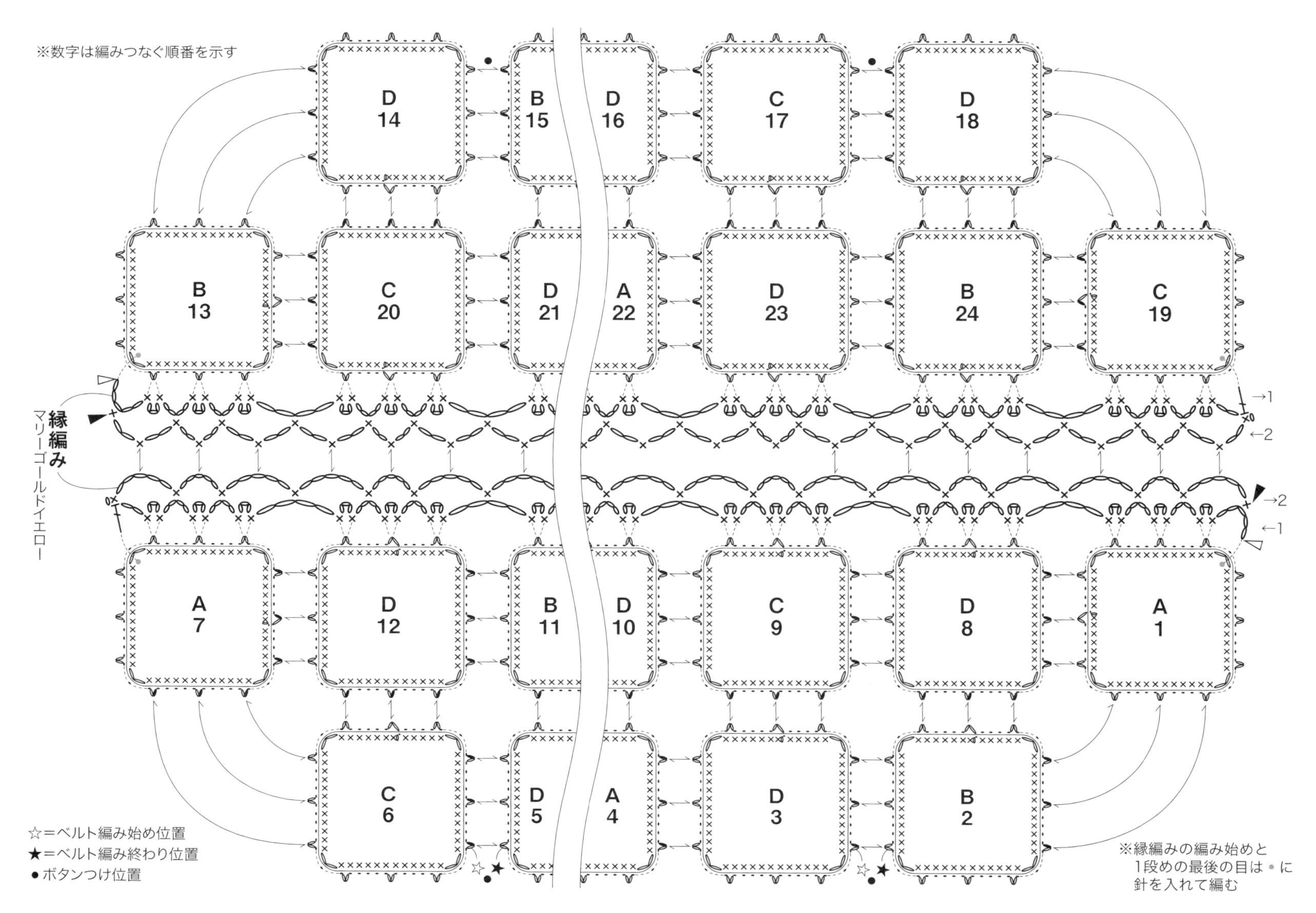
※数字は編みつなぐ順番を示す
D
14
B
15
D
16
C
17
D
18
B
13
C
20
D
21
A
22
D
23
B
24
C
19
→1
←2
縁編み
マリーゴールドイエロー
→2
←1
A
7
D
12
B
11
D
10
C
9
D
8
A
1
C
6
D
5
A
4
D
3
B
2
☆=ベルト編み始め位置
★=ベルト編み終わり位置
●ボタンつけ位置
※縁編みの編み始めと
1段めの最後の目は●に
針を入れて編む

L コースター Photo ▶ P.19

Photo ▶ P.19

❂ 材料と用具

糸…ハマナカ　アメリー
ナチュラルホワイト（20）6g
針…かぎ針5/0号

❂ できあがりサイズ　縦9cm、横9cm

編み方　＊糸は1本どりで編む。
輪の作り目をして4段編む。

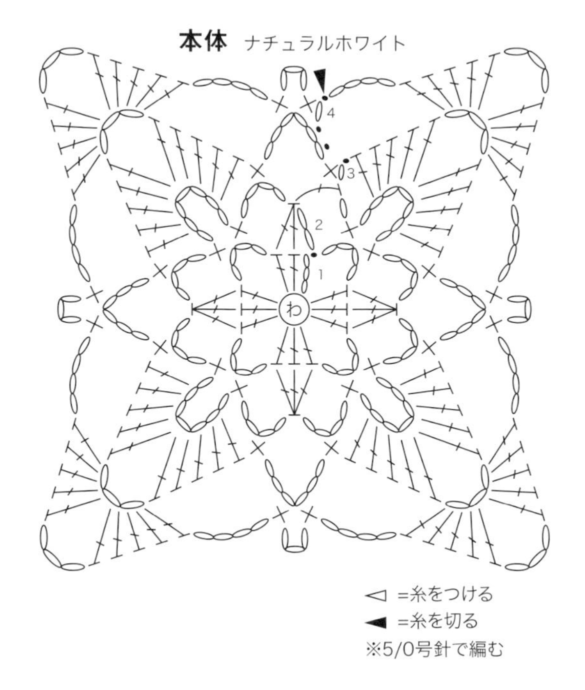

◁ =糸をつける
◀ =糸を切る
※5/0号針で編む

T ロールペーパーカバー Photo ▶ P.29

❂ 材料と用具

糸…ハマナカ　アメリーエフ《合太》
a：パープルヘザー（510）25g、パープルヘイズ（511）6g、
　オートミール（521）3g
b：オートミール（521）25g、ナチュラルホワイト（501）6g、
　ラベンダーブルー（513）3g
針…かぎ針4/0号

❂ できあがりサイズ　直径9cm、高さ12cm

編み方　＊糸は1本どりで編む。
1. 鎖21目を輪にして増し目をしながら細編みを14段編む。
2. 続けて編み込み模様を細編みのすじ編みで編む。編み込み模様は横に糸を渡す編み込みで編む（Point Lesson ▶ P.39）。

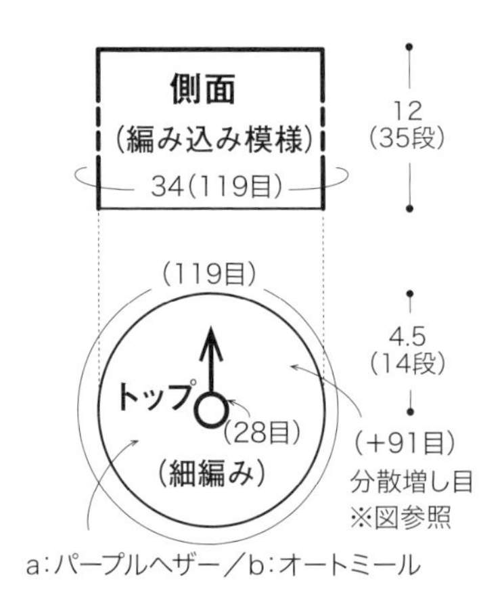

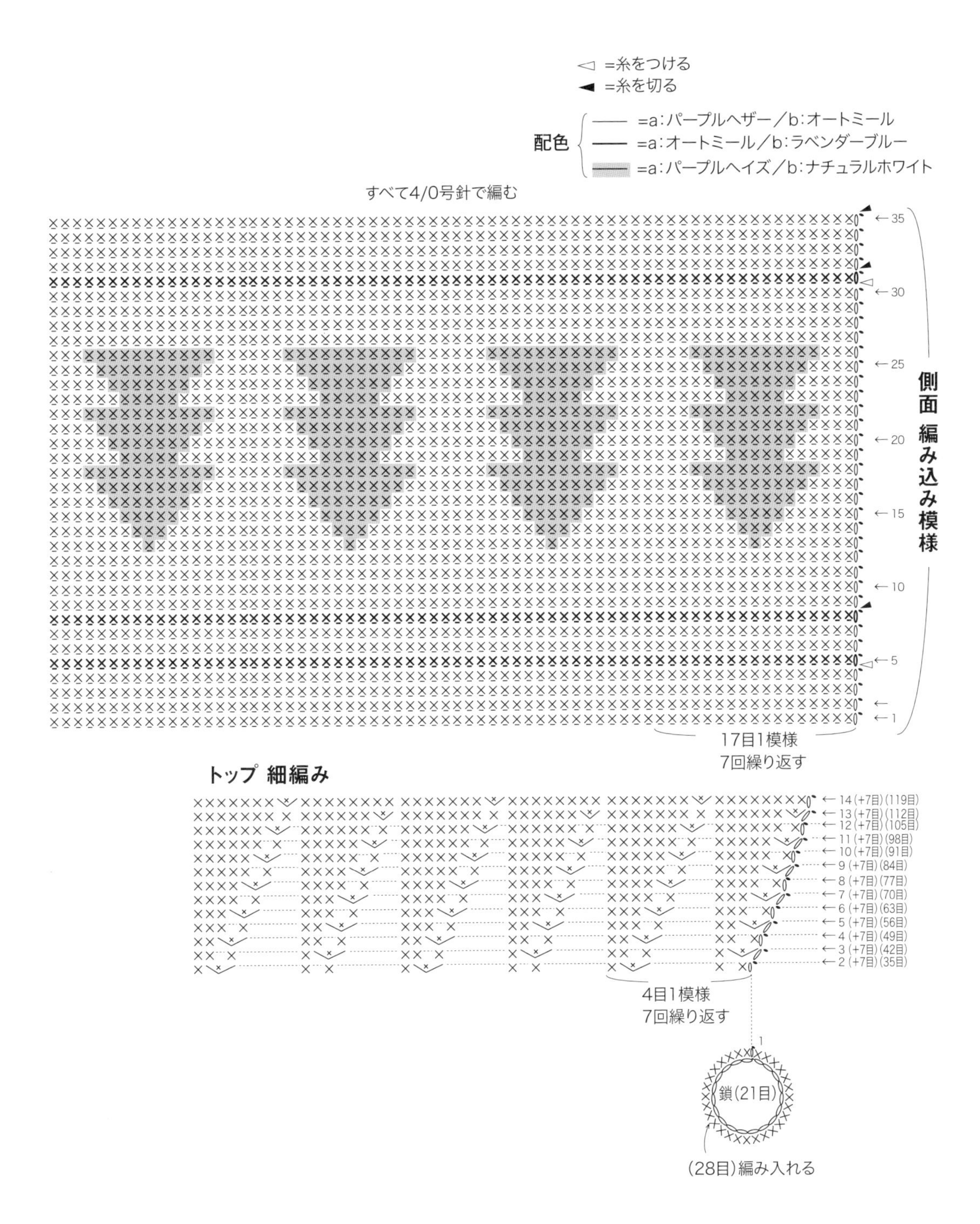
◁ =糸をつける
◀ =糸を切る
配色
=a:パープルヘザー/b:オートミール
=a:オートミール/b:ラベンダーブルー
=a:パープルヘイズ/b:ナチュラルホワイト
すべて4/0号針で編む
側面 編み込み模様
17目1模様
7回繰り返す
トップ 細編み
14(+7目)(119目)
13(+7目)(112目)
12(+7目)(105目)
11(+7目)(98目)
10(+7目)(91目)
9(+7目)(84目)
8(+7目)(77目)
7(+7目)(70目)
6(+7目)(63目)
5(+7目)(56目)
4(+7目)(49目)
3(+7目)(42目)
2(+7目)(35目)
4目1模様
7回繰り返す
鎖(21目)
(28目)編み入れる

M コースター Photo ▶ P.19

❁ 材料と用具

糸…ハマナカ　アメリー
ベージュ（21）6g、コーラルピンク（27）3g
針…かぎ針5/0号

❁ できあがりサイズ　縦10cm、横10cm

編み方　＊糸は1本どりで編む。
鎖6目を輪にし、配色表を参照して色を替えながら6段編む。

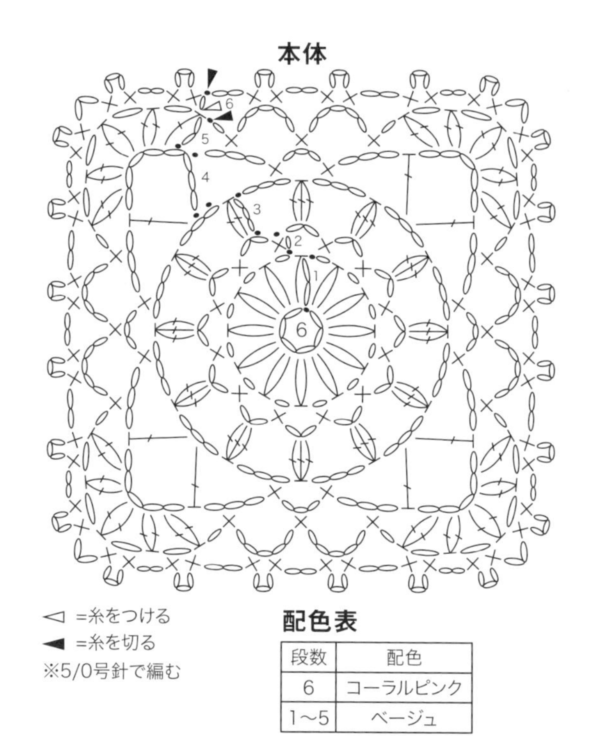

配色表

段数	配色
6	コーラルピンク
1〜5	ベージュ

R 長方形カバー Photo ▶ P.26

❁ 材料と用具

糸…ハマナカ　アメリーエフ《合太》
ナチュラルホワイト（501）14g、クリムゾンレッド（508）8g、
マリーゴールドイエロー（503）6g、パロットグリーン（516）4g、
キャメル（520）2g
針…かぎ針4/0号

❁ できあがりサイズ　幅31.5cm、長さ21cm

❁ ゲージ　モチーフの大きさ　10.5×10.5cm

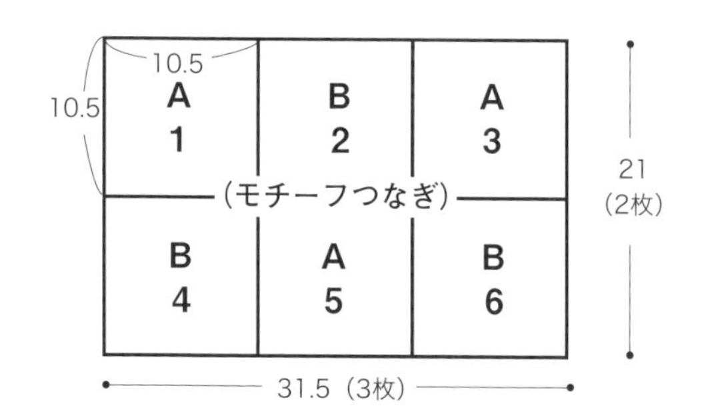

編み方　＊糸は1本どりで編む。
1. 鎖4目を輪にして色を替えながらモチーフA、Bを編む。
2. 2枚めのモチーフから最終段で編みつなぐ。

モチーフ

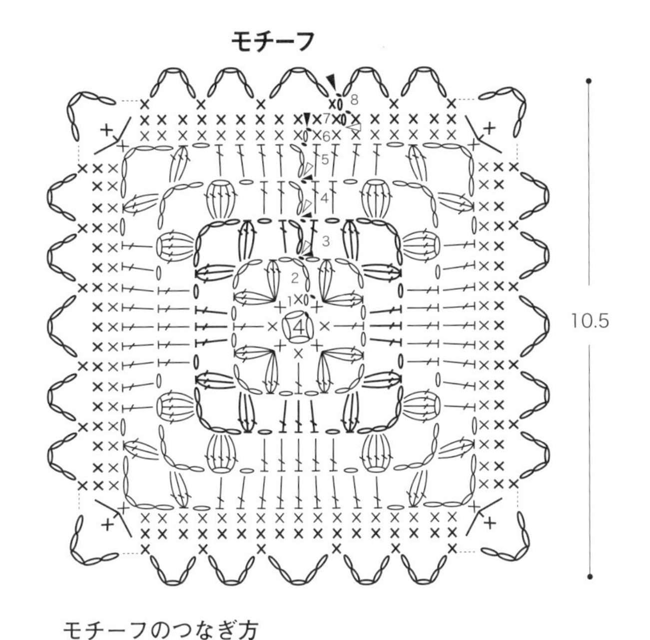

モチーフの配色表

段数	A 3枚	B 3枚
7・8段	クリムゾンレッド	クリムゾンレッド
5・6段	ナチュラルホワイト	ナチュラルホワイト
4段	パロットグリーン	マリーゴールドイエロー
3段	マリーゴールドイエロー	キャメル
1・2段	ナチュラルホワイト	ナチュラルホワイト

◁ =糸をつける
◀ =糸を切る

※すべて4/0号針で編む
※数字は編みつなぐ順番を示す

モチーフのつなぎ方

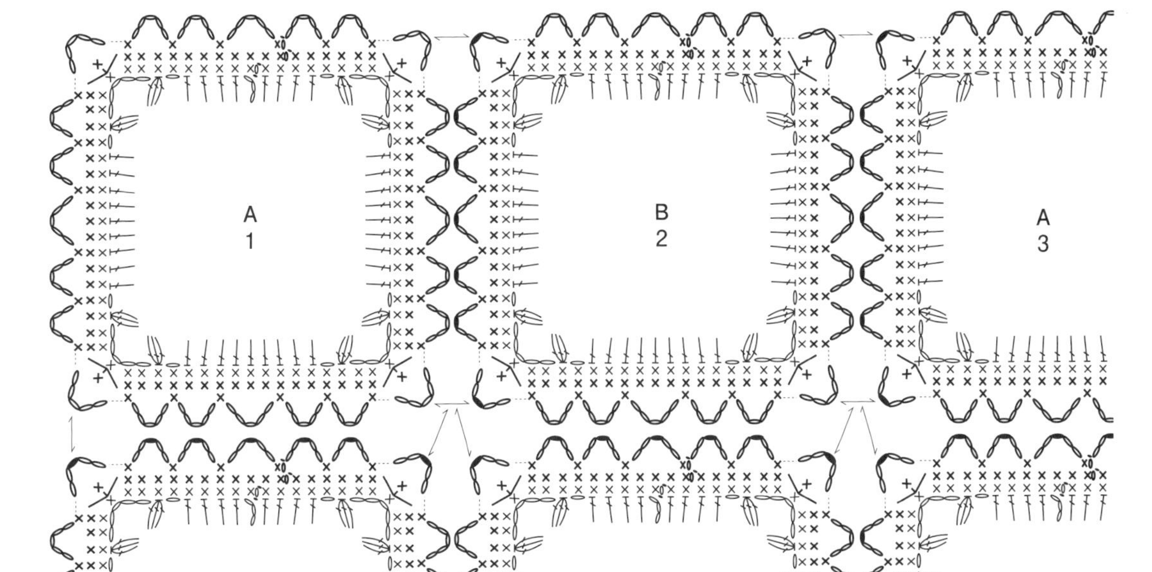

S ショートスヌード Photo ▶ P.28

材料と用具

糸…ハマナカ　アメリー
ナチュラルホワイト（20）・コーラルピンク（27）各30g、
グレイッシュローズ（26）15g、スプリンググリーン（33）・
コーンイエロー（31）各5g、グレー（22）・ピスタチオ（48）各2g
針…かぎ針5/0号

できあがりサイズ　横16cm、首回り60cm

ゲージ　モチーフの大きさ　6×6cm

編み方　＊糸は1本どりで編む。
＊モチーフの数字は編みつなぐ順番を示す。

1. 輪の作り目をして色を替えながらモチーフ1を編み、モチーフ2から最終段で長編みの最後の引き抜きで隣り合うモチーフと一緒に引き抜いて、30枚編みつなぐ（Point Lesson ▶ P.37）。
2. 最後は30、20、10のモチーフを21、11、1と引き抜いてつなぎ、輪にする。

モチーフ 30枚

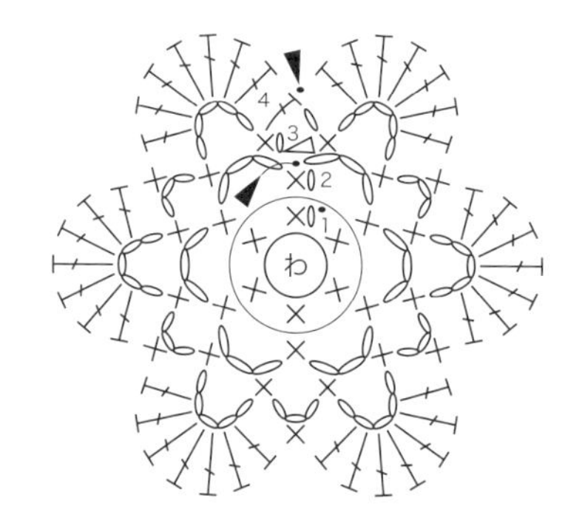

◁ =糸をつける
◀ =糸を切る
※すべて5/0号針で編む

モチーフ配色表

段数	A 4枚	B 10枚	C 6枚	D 4枚	E 2枚	F 2枚	G 2枚
3・4	ナチュラルホワイト	コーラルピンク	グレイッシュローズ	ナチュラルホワイト	ナチュラルホワイト	コーラルピンク	ナチュラルホワイト
1・2	コーンイエロー	スプリンググリーン	コーンイエロー	ピスタチオ	グレー	コーンイエロー	グレイッシュローズ

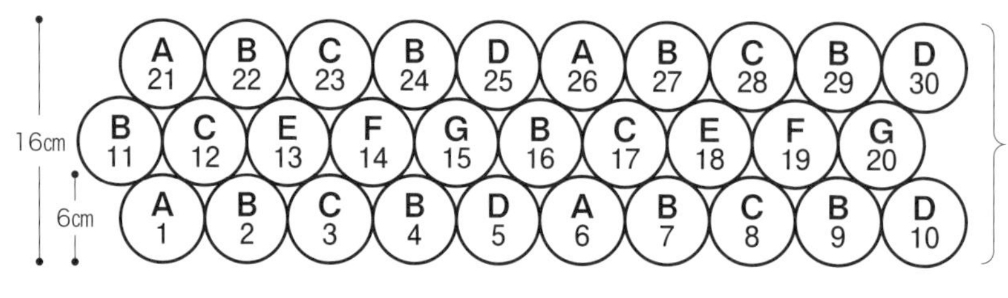

※最後に ——→ をつないで輪にする

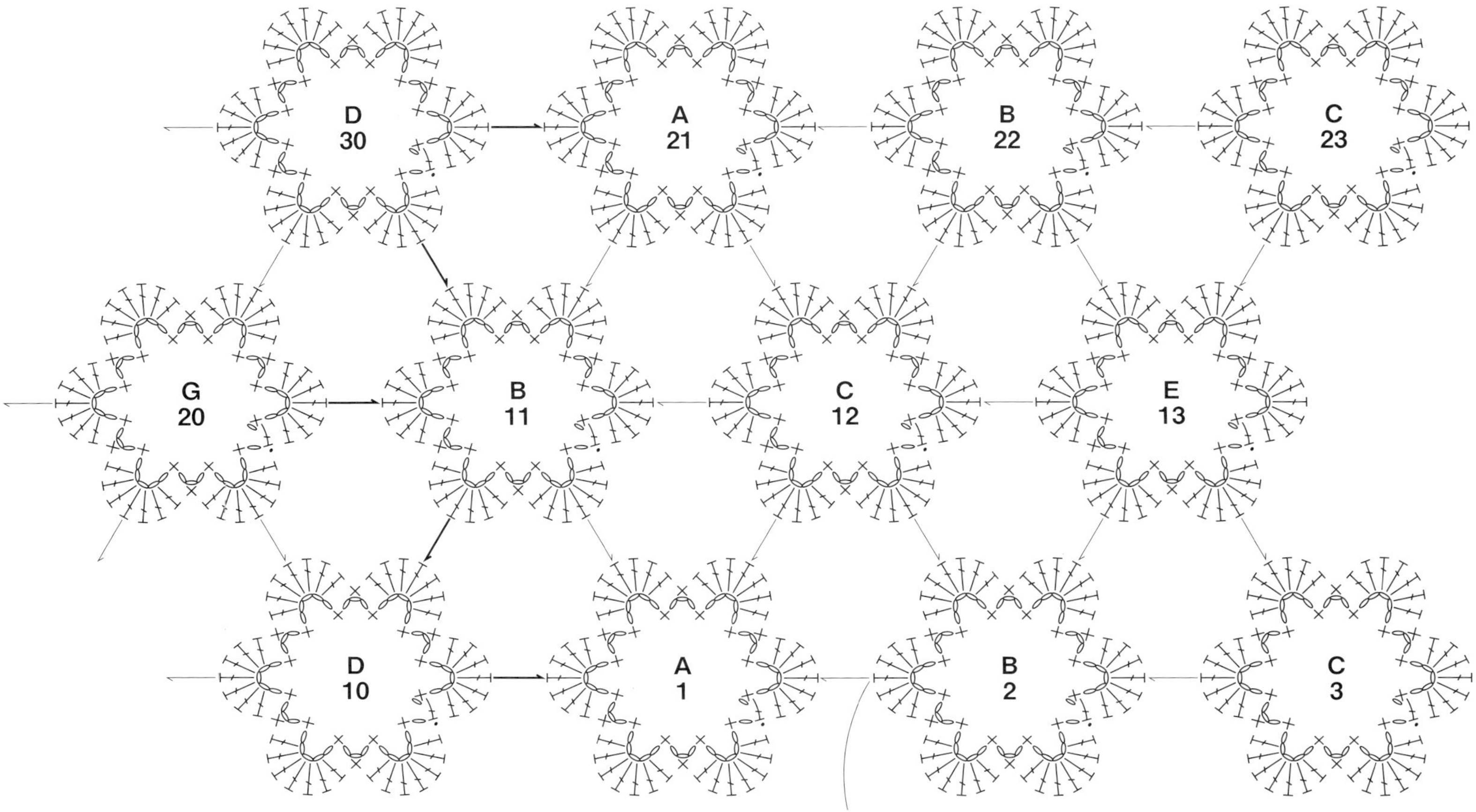

D
30

A
21

B
22

C
23

G
20

B
11

C
12

E
13

D
10

A
1

B
2

C
3

未完成の長編みを編み、向かい合う長編みの頭の目に針を入れて一緒に引き抜き、長編みを完成させる(P.37参照)

※数字は編みつなぐ順番を示す

U ルームシューズ Photo ▶ P.30

❁ 材料と用具

糸…ハマナカ　アメリー

アクアブルー（11）76g、コーンイエロー（31）25g、グレー（22）19g

針…かぎ針6/0号

❁ できあがりサイズ　底丈24cm、深さ18cm

❁ ゲージ　モチーフの大きさ　8.5×8.5cm

編み方　＊糸は1本どりで編む。

1. 輪の作り目をして色を替えながらモチーフを16枚編む。
2. 片足分の8枚をモチーフつなぎの図を参照して、合印同士を外表に合わせて細編みの鎖とじで合わせる（Point Lesson ▶ P.37）。
3. 足首まわりに縁編みを編んで仕上げる。同じものをもう片方分作る。

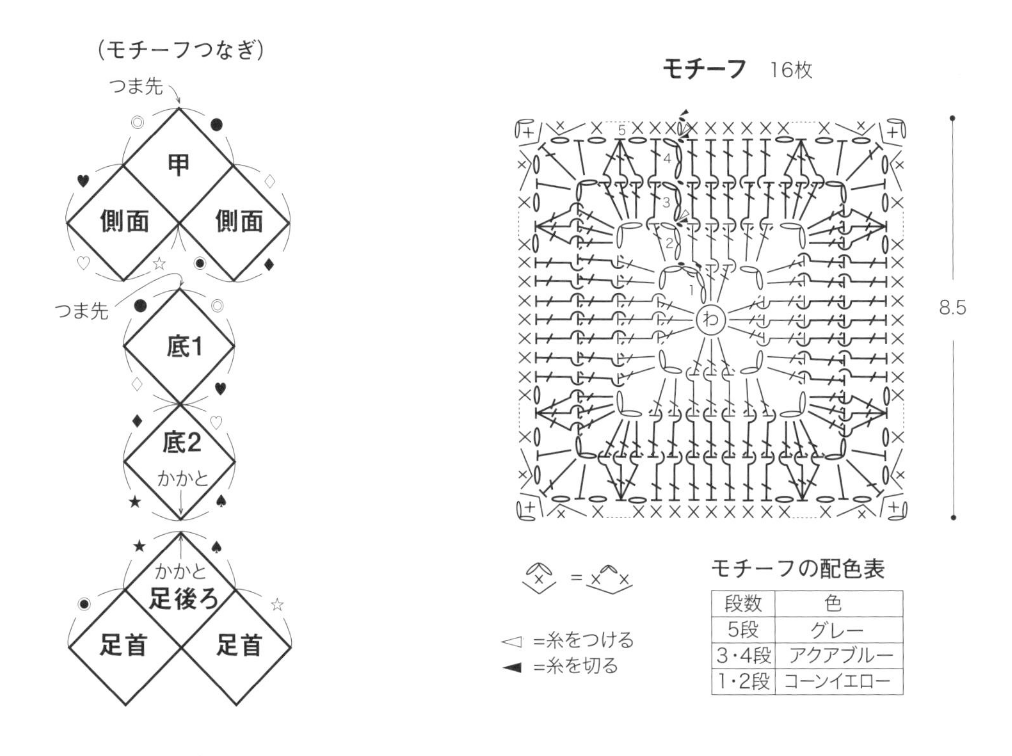

モチーフの配色表

段数	色
5段	グレー
3・4段	アクアブルー
1・2段	コーンイエロー

※すべて6/0号針で編む
※合印同士を外表に合わせて細編みの鎖とじ（P.37参照）で合わせる（アクアブルー）

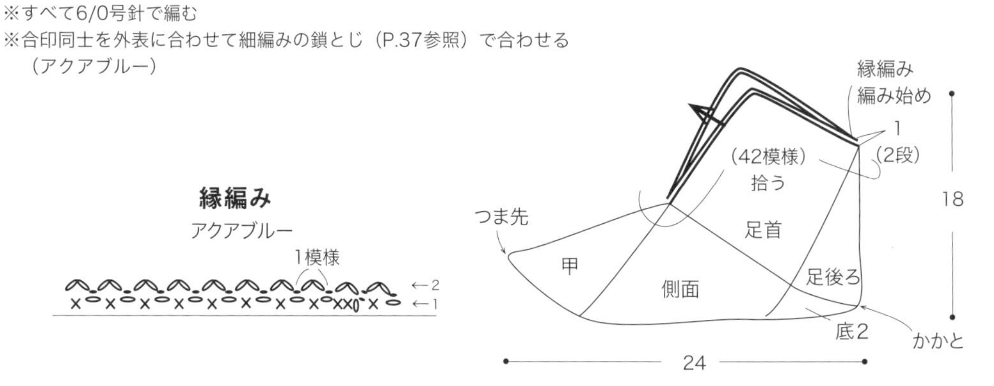

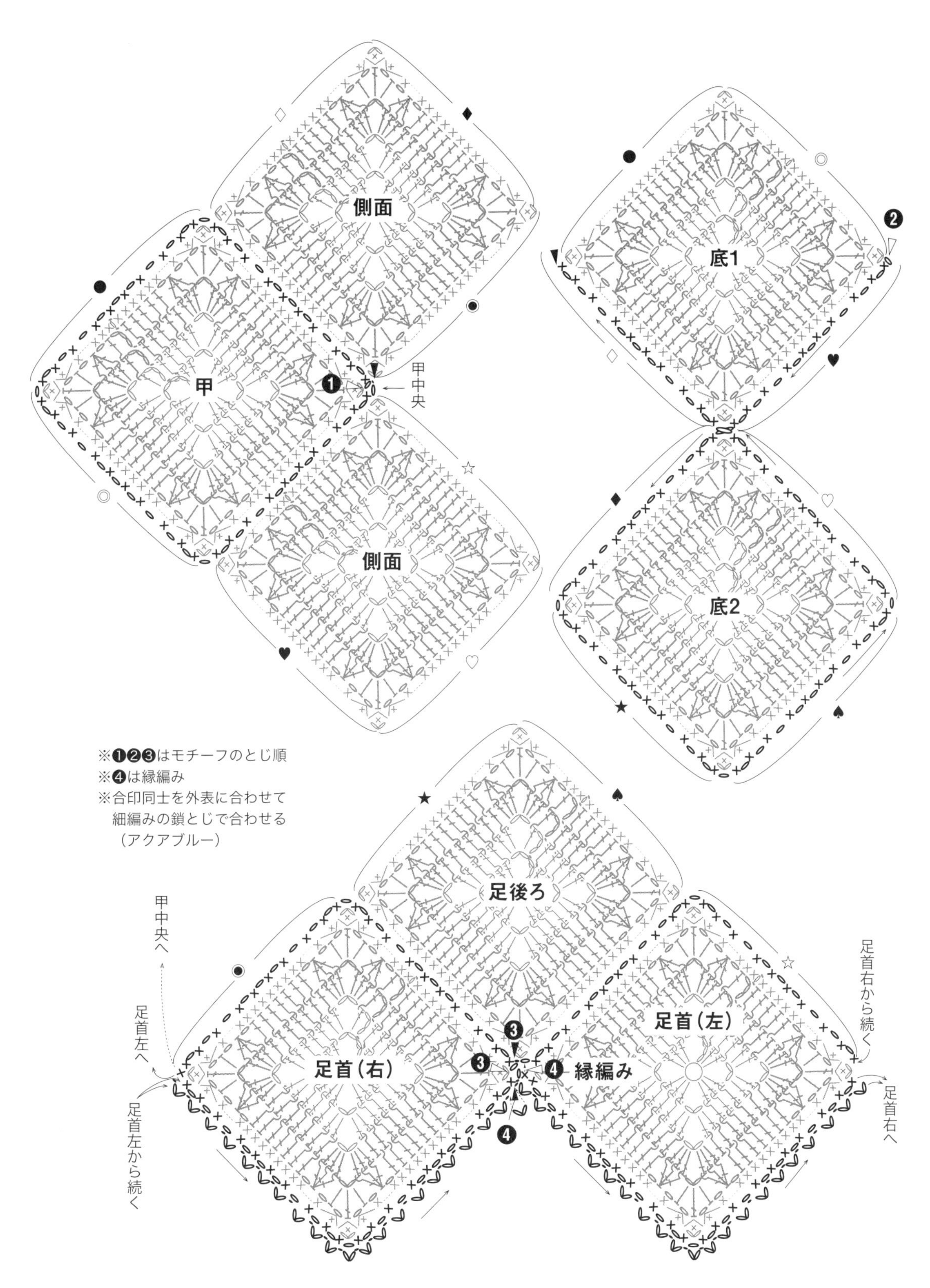
側面
甲
❶
甲中央
側面
底1
❷
底2
※❶❷❸はモチーフのとじ順
※❹は縁編み
※合印同士を外表に合わせて
細編みの鎖とじで合わせる
（アクアブルー）
足後ろ
甲中央へ
足首左へ
足首左から続く
足首（右）
❸
❸
❹
縁編み
❹
足首（左）
足首右から続く
足首右へ

V ミラーカバー Photo ▶ P.32

Photo ▶ P.32

❁ 材料と用具

糸…ハマナカ　アメリー
ダークレッド (6) 15g、プラムレッド (32) 12g、
ピンク (7) 7g、ライラック (42) 4g

針…かぎ針5/0号

❁ できあがりサイズ　直径18cm

編み方　＊糸は1本どりで編む。

1. 鎖5目を輪にして裏面、表面をそれぞれ9段めまで編む。
2. 10段めは裏面から編み始め、あき口部分は裏面1枚から目を拾い細編みを編む。続けて残りの部分を表面と外表に合わせて2枚一緒に目を拾い、細編みを編む。裏面を1周したら、そのまま表面1枚のあき口部分に細編みを編んで糸を切る。
3. 11段めは表面に糸をつけ、あき口部分は表面1枚を編む。続けて裏面と重なっている細編みに編み入れる。表面を1周したら、そのまま裏面のあき口を編んで糸を切る。

裏面（模様編み A）　※すべて5/0号針で編む

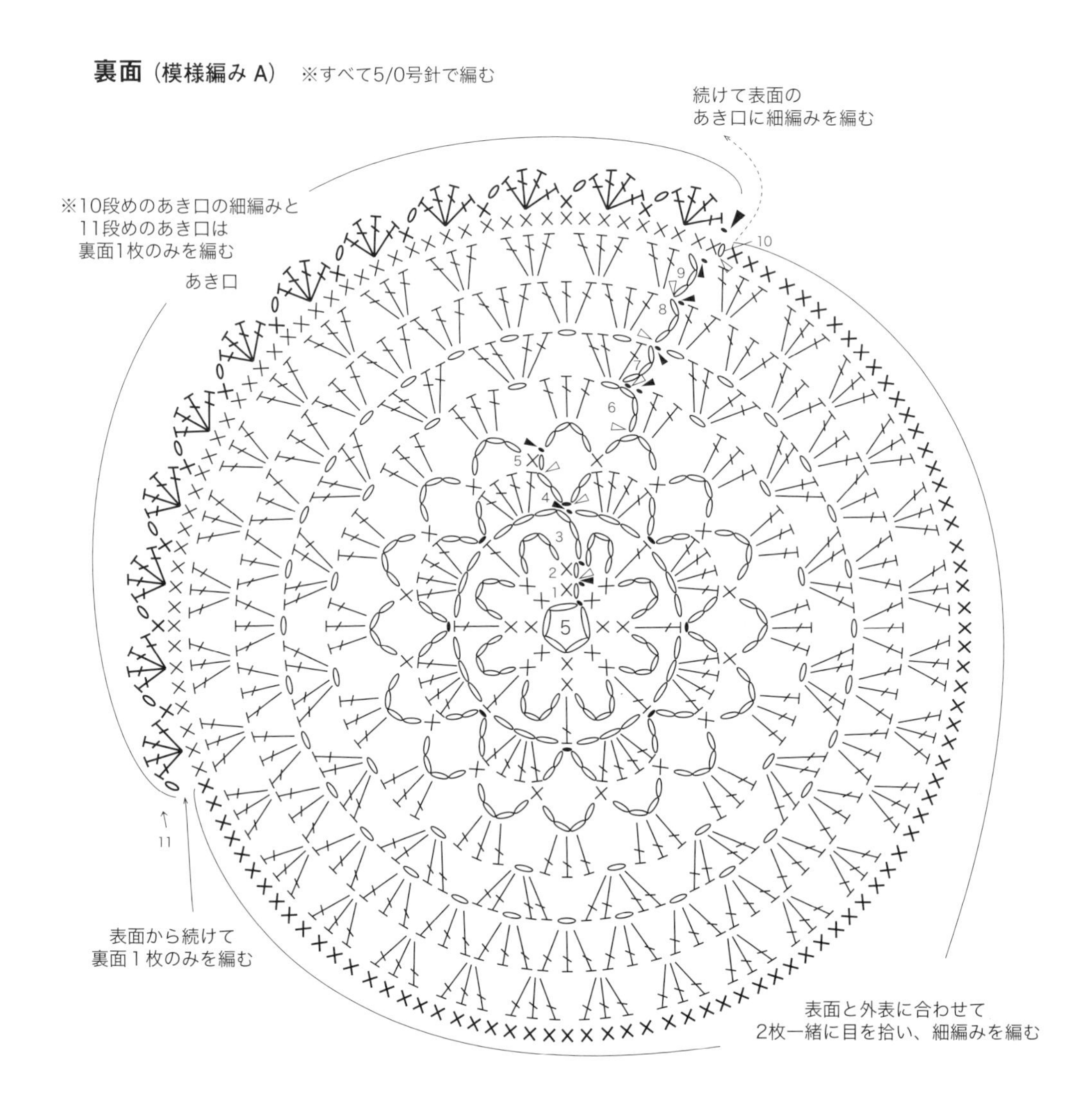

表面（模様編みB）

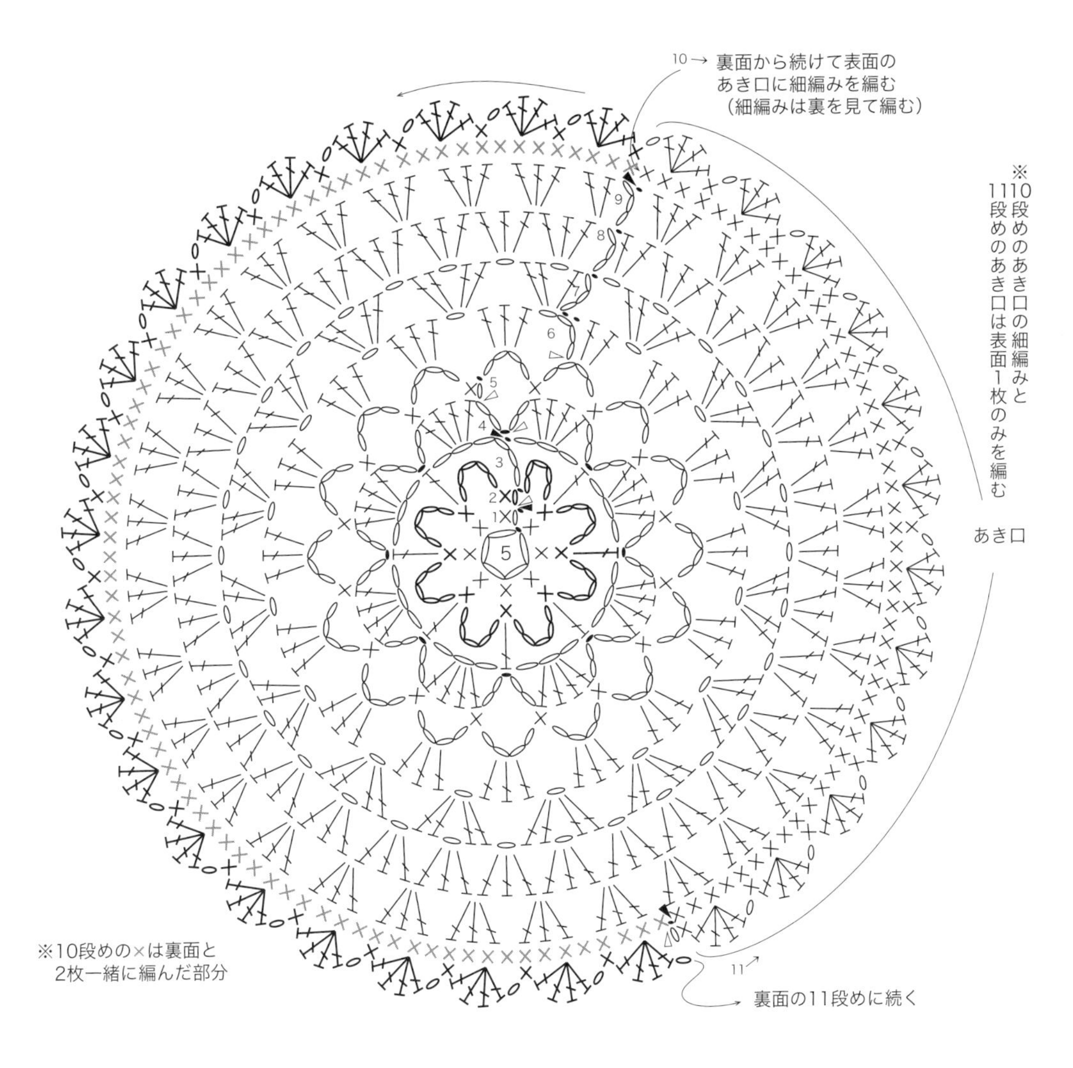

配色表

※表面の花びらはピンク

段数	裏面	表面
11段	プラムレッド	プラムレッド
10段	ダークレッド	ダークレッド
9段	ピンク	
8段	プラムレッド	
7段	ダークレッド	
6段	ライラック	
5段	プラムレッド	プラムレッド
4段	ピンク	ピンク
2･3段	ライラック	ライラック
1段	ダークレッド	ダークレッド

◁ =糸をつける
◀ =糸を切る

表面の花びら ピンク

※表面を4段めまで編んでから、花びら2段めの鎖目に編み入れる

（花びらは表面の段数には含まない）

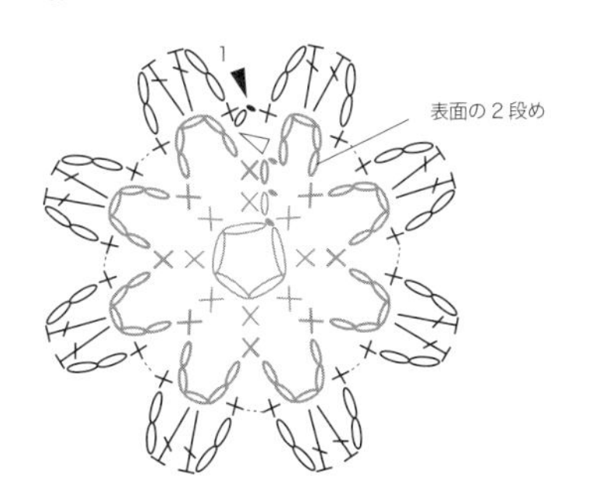

W ブラシケース Photo ▶ P.33

材料と用具

糸…

ハマナカ　アメリー

グレイッシュローズ（26）35g

ハマナカ　アメリーエフ《合太》

ダークレッド（509）16g、ピンク（505）13g、

バーミリオンオレンジ（507）10g、パープルヘイズ（511）7g

針…かぎ針5/0号、4/0号

できあがりサイズ　幅34cm、高さ19.5cm

編み方　＊糸は1本どりで編む。

1. 内側ポケットは鎖の作り目を47目作り、長編みから編み始め、模様編み縞を編む。
2. 内側フラップは内側ポケットの13段めの頭のすじを拾い目して模様編みAを編む。
3. 外側は鎖の作り目を49目作り、模様編みBを9段編む。縁編みを編むときに上下は内側ポケットと2枚一緒に目を拾って編む。
4. 内側ポケットの両サイドは巻きかがりをする。
5. モチーフとひもを編み、外側の表面に縫いつける。

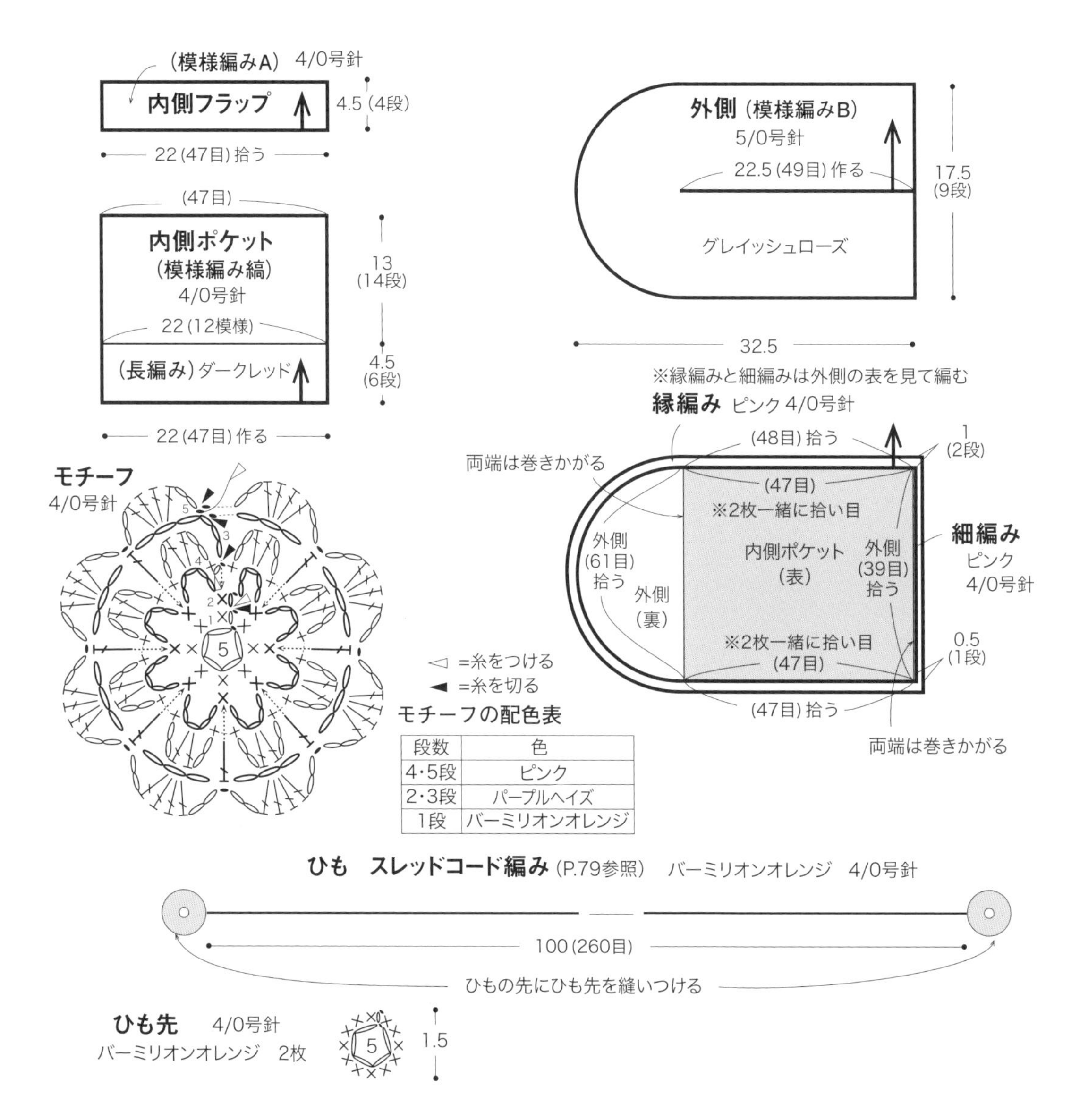

段数	色
4・5段	ピンク
2・3段	パープルヘイズ
1段	バーミリオンオレンジ

内側フラップ
模様編みA

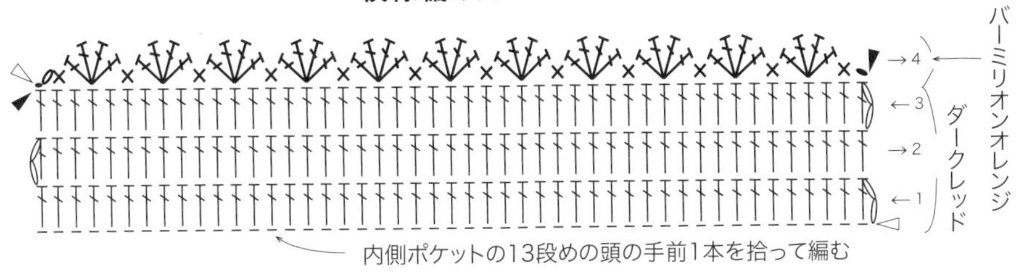

内側ポケット

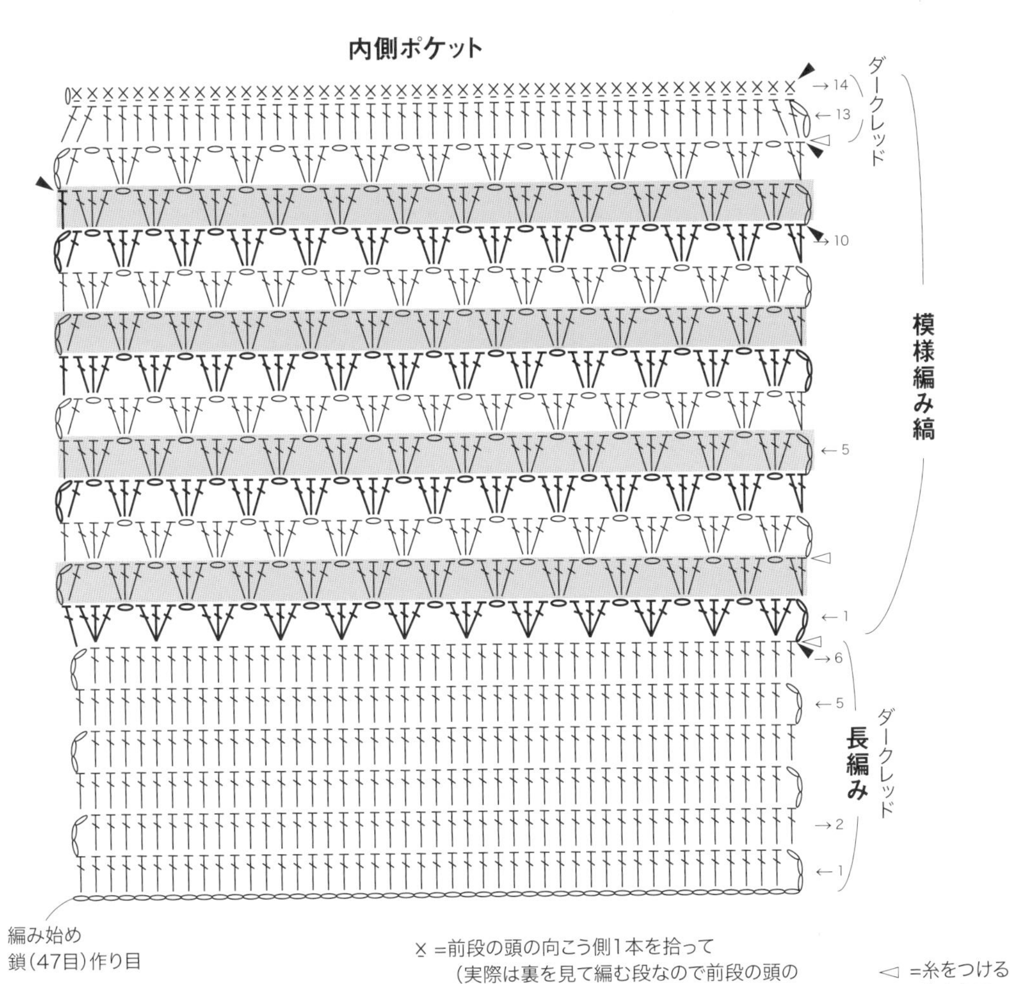

編み始め
鎖(47目)作り目

X =前段の頭の向こう側1本を拾って
(実際は裏を見て編む段なので前段の頭の
手前1本を拾って)細編みを編む

◁ =糸をつける
◀ =糸を切る

模様編み縞の配色
- —— =ピンク
- ▬ =パープルヘイズ
- ━━ =バーミリオンオレンジ

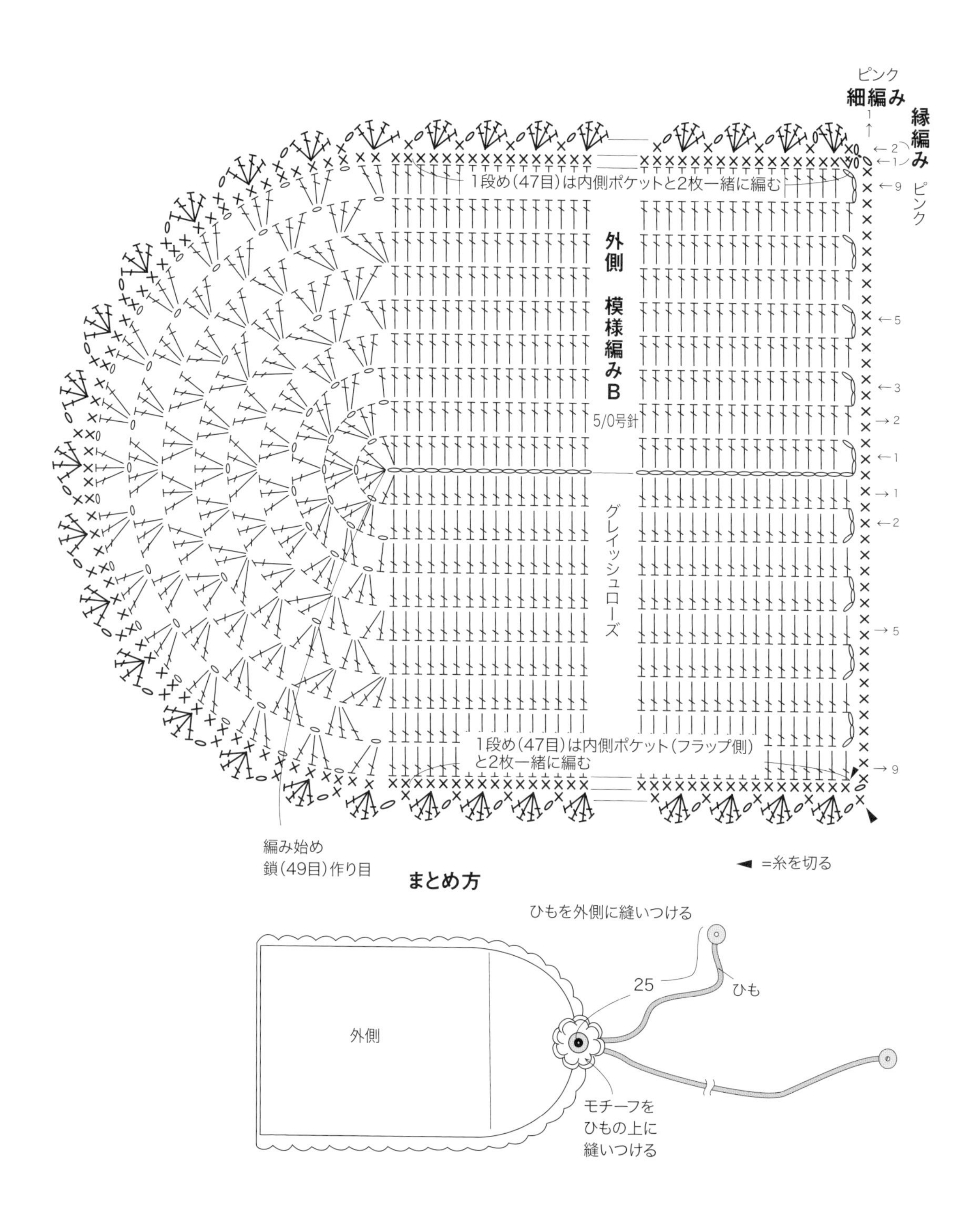
ピンク
細編み
縁編み
ピンク
1段め（47目）は内側ポケットと2枚一緒に編む
外側
模様編みB
5/0号針
グレイッシュローズ
1段め（47目）は内側ポケット（フラップ側）と2枚一緒に編む
編み始め
鎖（49目）作り目
◀ =糸を切る
ひもを外側に縫いつける
25
ひも
外側
モチーフを
ひもの上に
縫いつける

まとめ方

編み目記号&編み方

糸端を輪にする作り目

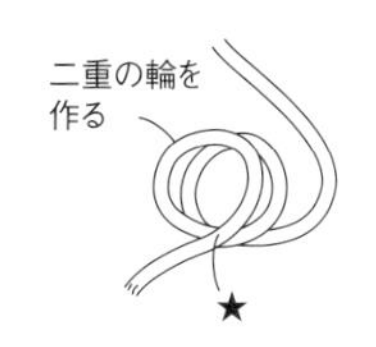

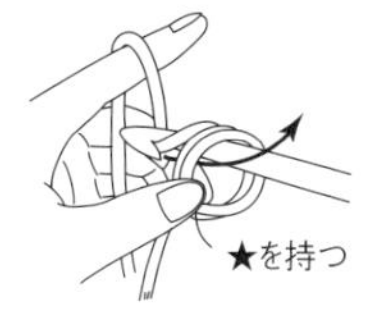

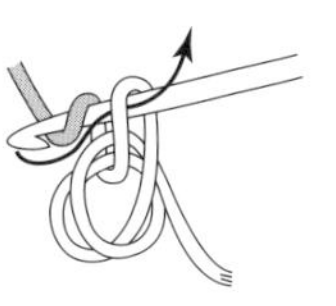

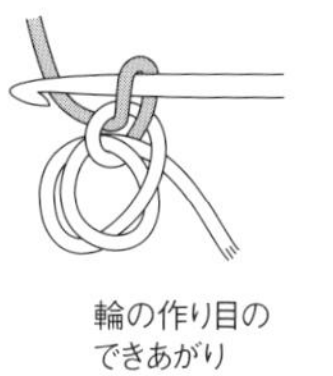

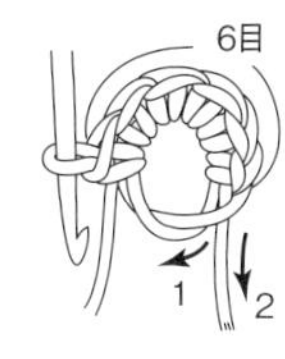

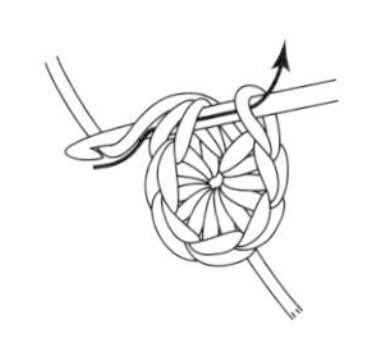

糸を輪にする作り目

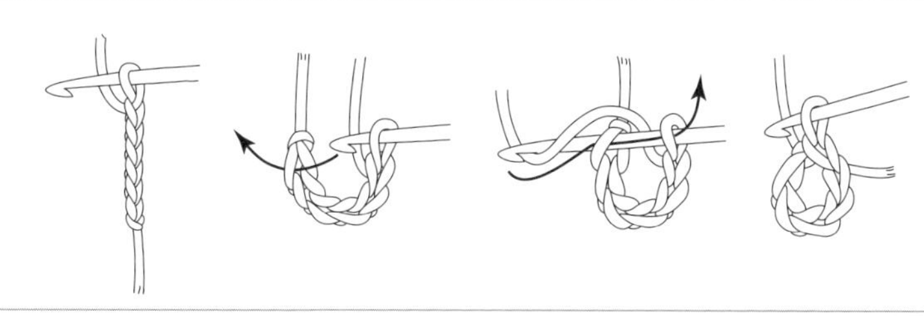

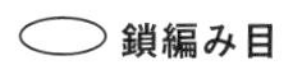

鎖編み目

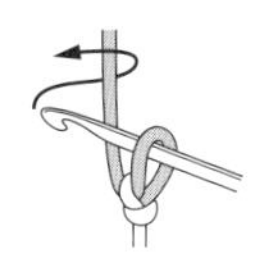

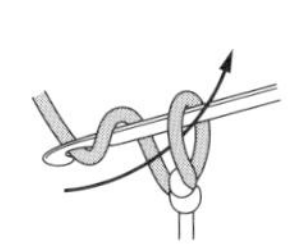

引き抜き編み目

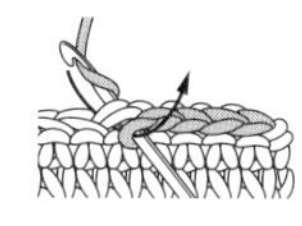

針を入れ、糸を
かけて引き抜く

細編み目

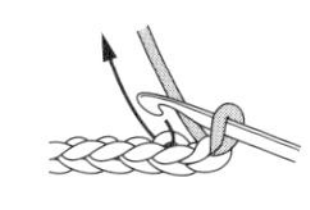

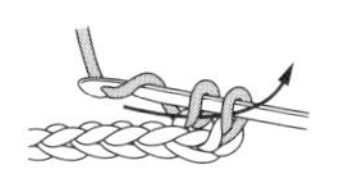

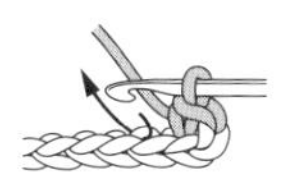

細編み２目編み入れる

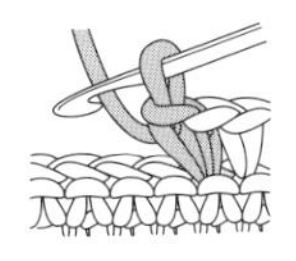

細編みを1目編んだら、
同じ目にもう一度編む

中長編み目

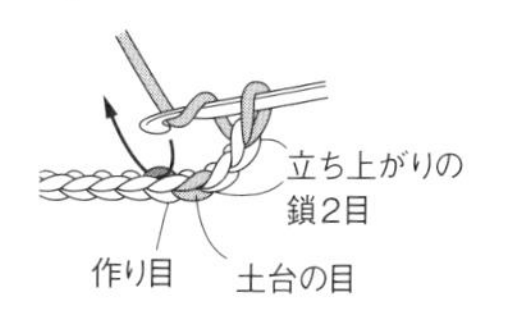

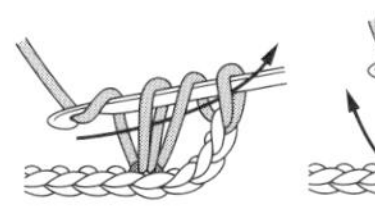

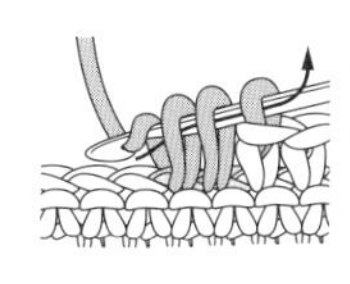

未完成の細編みを
2目編み、最後に針
に糸をかけて一度
に引き抜く

長編み目

針に糸を１回巻き、前段の
１目に針を入れ、糸を引き出す

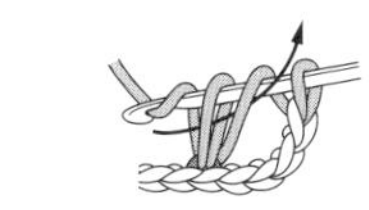

針に糸をかけ、
針にかかった
２ループを引き抜く

再度、針に糸をかけ、
針にかかったループを、
すべて引き抜く

長々編み目

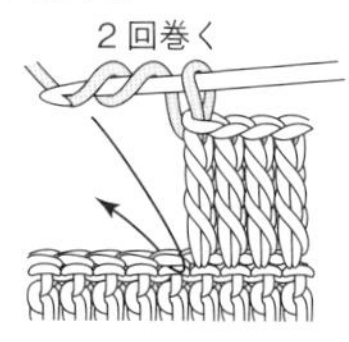

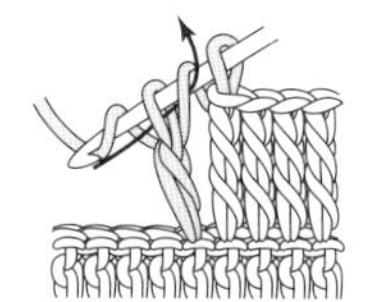

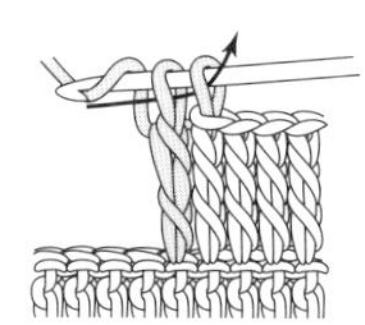

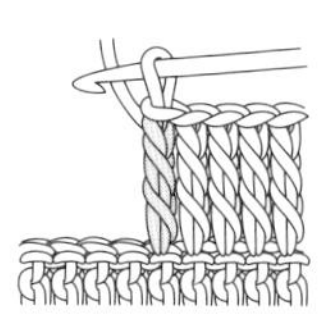

※針に2回糸を巻き、長編みと同じ要領で編む

長編み2目一度

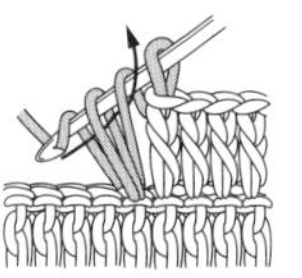

前段の1目に未完成の長編みを編む

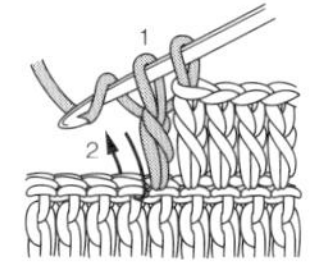

次の目にも未完成の長編みを編む

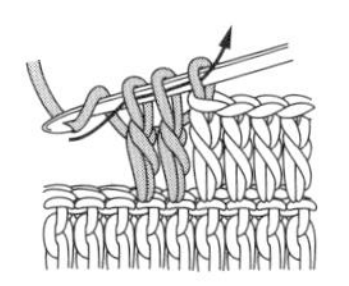

針に糸をかけ、一度に引き抜く

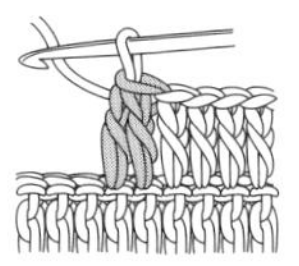

長編み2目編み入れる

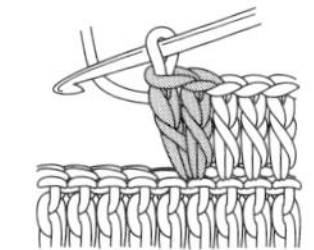

同じ目に2目長編みを編む

細編みのすじ編み目

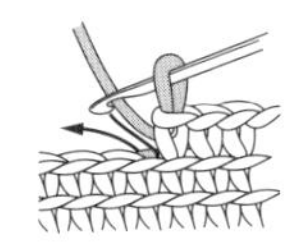

輪編みの場合、毎段、前段の頭の目の向こう側1本を拾って細編みを編む

長編み5目のパプコーン編み目

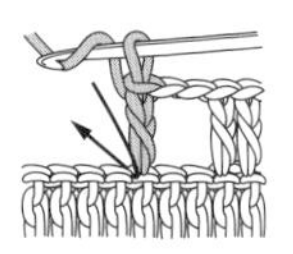

前段の1目に長編み5目を編み入れる

目から針をはずし、1目めの頭に入れる

はずした目に針を戻し、その目を引き出す

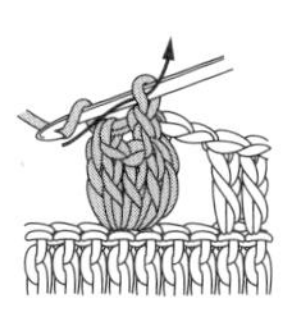

鎖1目を編んで引き締める

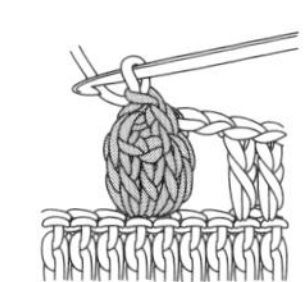

長編みの表引き上げ編み目

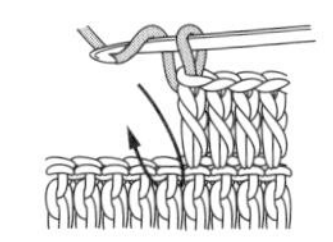

針に糸をかけ、前段の目の足に表側から針を入れる

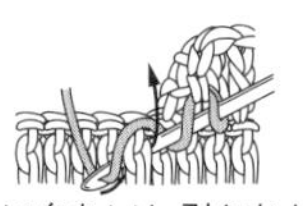

針に糸をかけ、引き出す

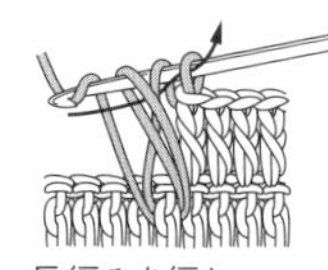

長編みを編む

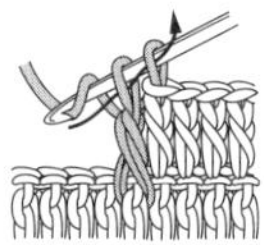

長編みの裏引き上げ編み目

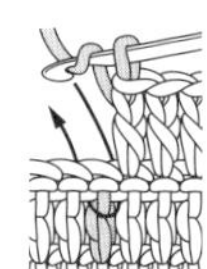

針に糸をかけ、前段の目の足に裏側から針を入れる

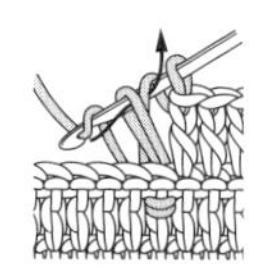

針に糸をかけ、引き出す

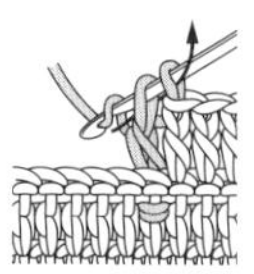

長編みを編む

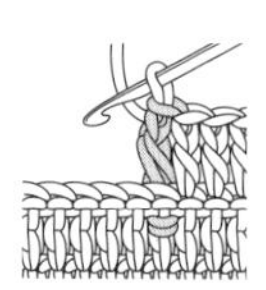

変わり中長編み3目の玉編み目

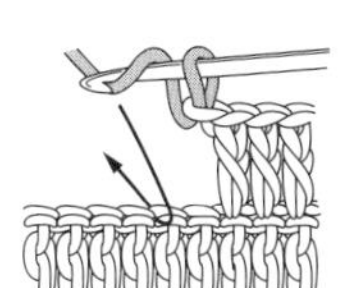

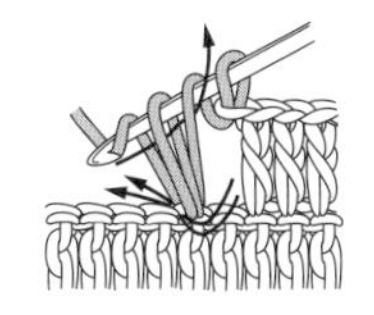

末完成の中長編みを
３目編む

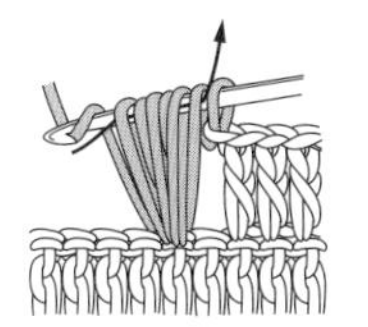

針に糸をかけ、６ルー
プを一度に引き抜く

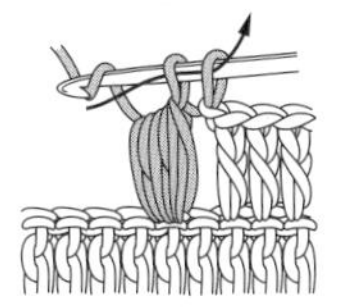

針に糸をかけ、残りの
ループを引き抜く

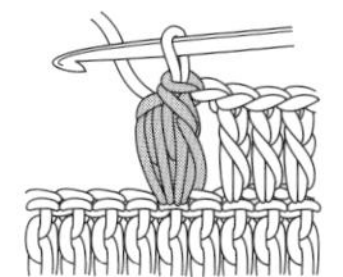

鎖3目のピコット

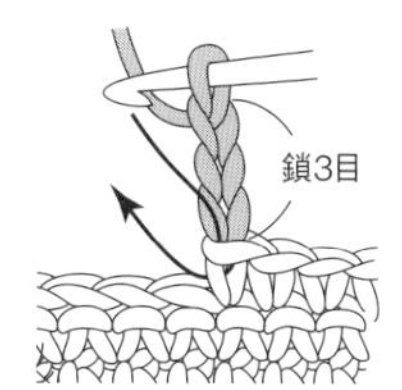

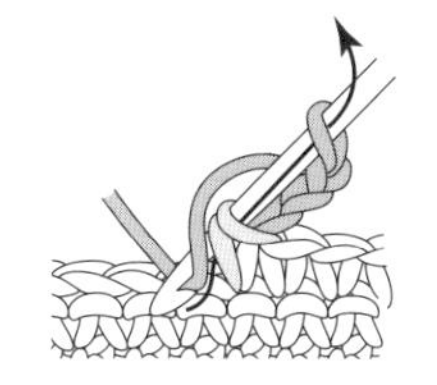

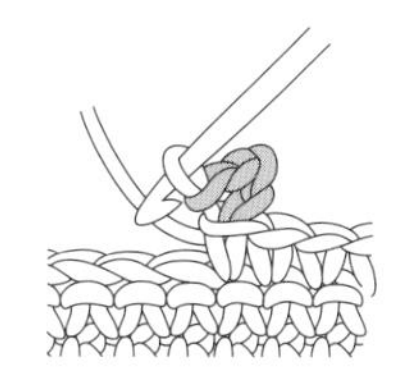

スレッドコード編み

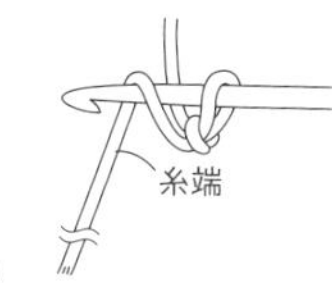

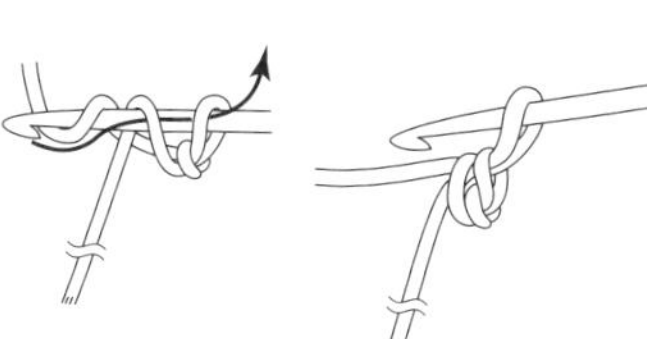

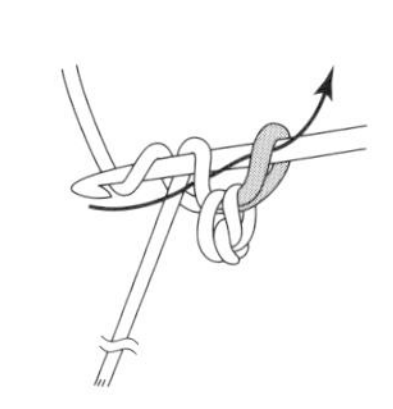

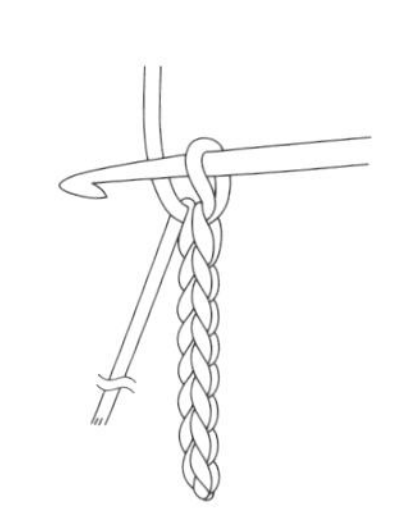

細編みのすじ編みの編み込み（横に糸を渡す）

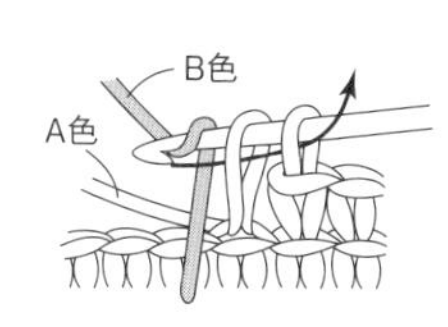

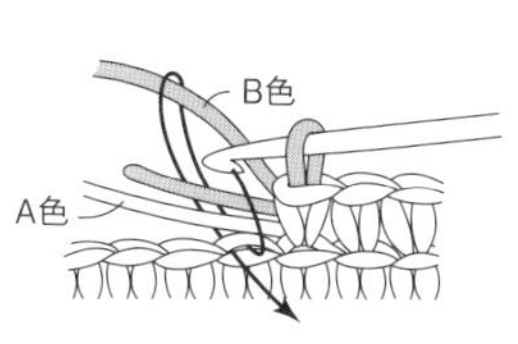

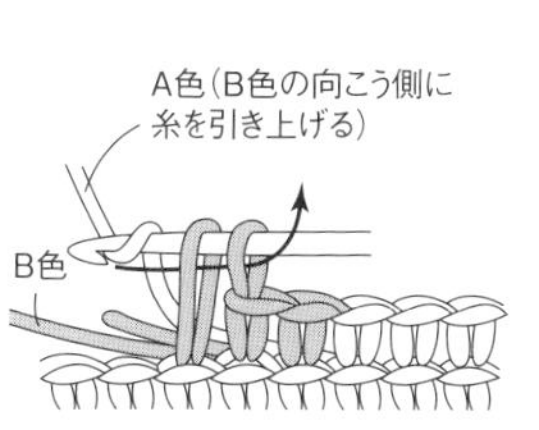

鎖細編みとじ

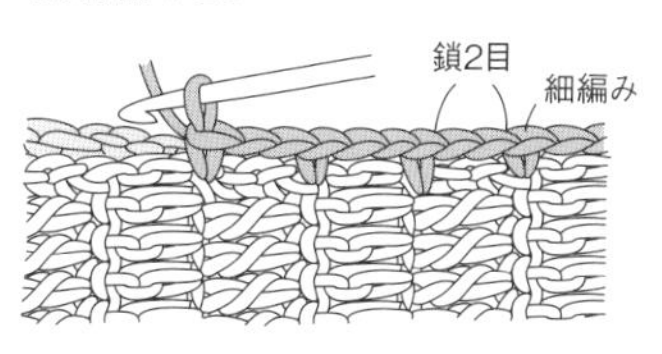

モチーフのつなぎ方（引き抜き編みでつなぐ）

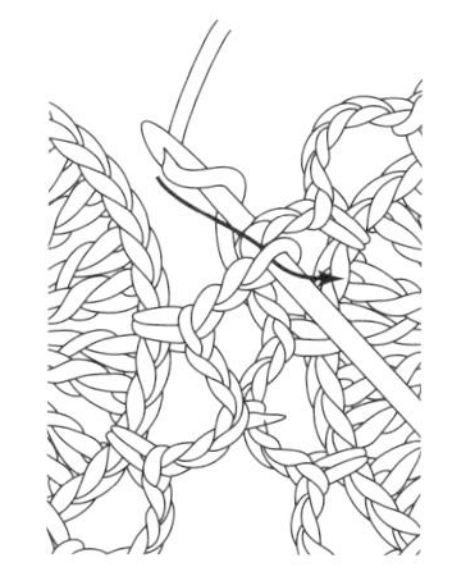

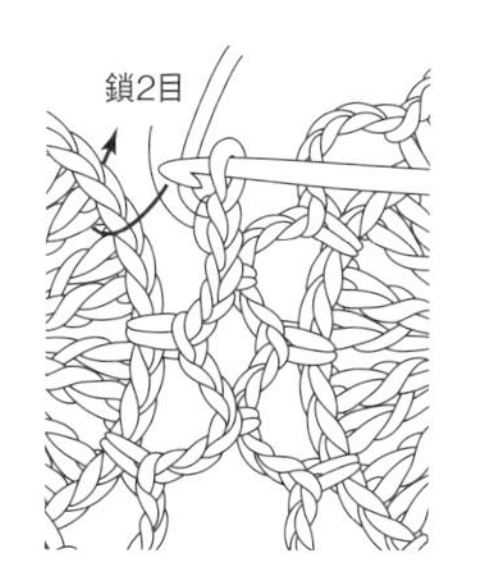

巻きかがりはぎ（半目の巻きかがり）

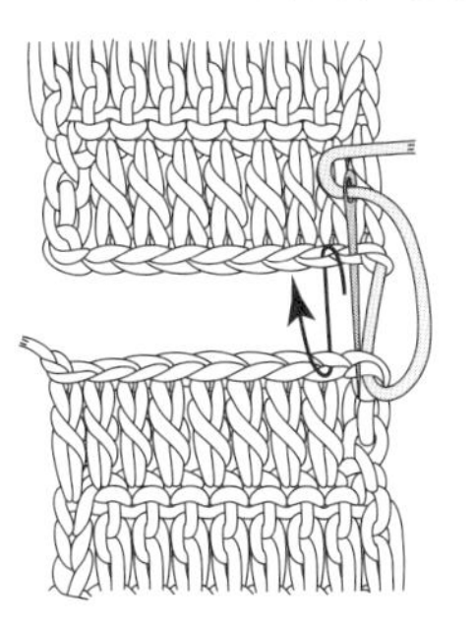

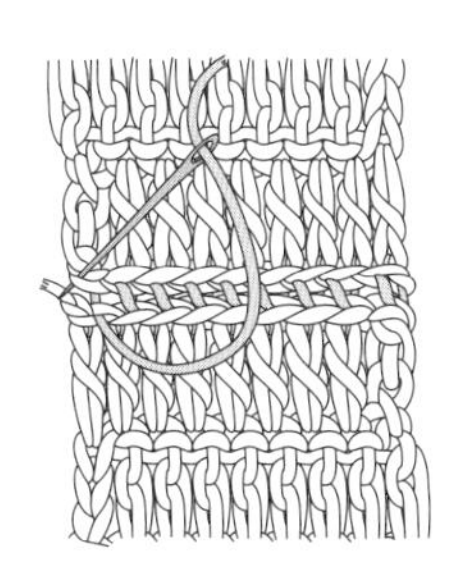

作品デザイン・制作

今村曜子
遠藤ひろみ
おおまち　まき
金子祥子
小林ゆか
ナガイ マサミ
Sachiyo * Fukao
Kuni-co

Sttaff

ブックデザイン　橘川幹子
撮影　松本のりこ
スタイリング　串尾広枝
製図　石郷美也子　西田千尋
トレース　西田千尋　松尾容巳子
編み方イラスト　小池百合穂（P.77～79）
校正　庄司靖子
編集　中田早苗

素材協力

ハマナカ株式会社
京都府京都市右京区花園薮ノ下町２番地の３
FAX　075-463-5159
メール　info@hamanaka.co.jp
http://www.hamanaka.co.jp/

撮影協力

UTUWA　TEL 03-6447-0070
AWABEES　TEL 03-5786-1600

レトロ・インテリア・クロッシェ

2021年10月25日　初版第1刷発行

著　者　ハマナカアメリーシリーズで編み物を楽しむ会
発行者　廣瀬和二
発行所　株式会社日東書院本社
〒113-0033 東京都文京区本郷1-33-13　春日町ビル５F
TEL　03-5931-5930（代表）
FAX　03-6386-3087（販売部）
URL　http://www.TG-NET.co.jp

印刷・製本●図書印刷株式会社

ISBN 978-4-528-02368-0 C2077

【読者の皆様へ】
本書の内容に関するお問い合わせは、
メール（info@TG-NET.co.jp）にて承ります。
恐縮ですが、電話でのお問い合わせはご遠慮ください。
『レトロ・インテリア・クロッシェ』編集部

＊本書に掲載している作品の複製・販売はご遠慮ください。